설탕의 역사

설탕의 역사

초판 1쇄 | 2025년 11월 30일

지은이 | 이성규
디자인 | 김남영
편 집 | 박일구
펴낸이 | 강완구
브랜드 | 우물이 있는 집
펴낸곳 | 써네스트
출판등록 | 2005년 7월 13일 제2017-000293호
주 소 | 서울시 마포구 양화로 56, 동양한강트레벨 1521호
전 화 | 02-332-9384   팩 스 | 0303-0006-9384
이메일 | sunestbooks@yahoo.co.kr
ISBN 979-11-94166-75-7 (03900) 값 20,000원

© 이성규 2025

이 책은 신저작권법에 따라 보호받는 저작물이므로 무단 전재와 복제를 금하며, 내용의 전부 또는 일부를 재사용하려면 반드시 저작권자와 도서출판 써네스트 양측의 동의를 받아야 합니다.
정성을 다해 만들었습니다만, 간혹 잘못된 책이 있습니다. 연락주시면 바꾸어 드리겠습니다.

설탕 알갱이 한 알에 담긴 달콤한 '야만'을 넘어서

The History of
설탕의 역사
Sugar

이성규 (부산 MBC PD) 지음

우물이 있는 집

| 추천의 글 |

설탕의 빛깔은 무얼까

이주현 한겨레신문 뉴스룸 국장

모든 빛나는 것들엔 그림자가 따른다. 우아한 쾌락엔 누군가의 피땀이 서려 있기 마련이다. 이백여년 전 백인들이 독점하다시피 즐겼던 설탕도 그렇다. 뜨겁고 달달한 홍차를 마시며 민주주의를 논하던 유럽인들. 그들의 선진적인 문명생활은 납치·감금·강간·살인·착취란 반문명의 사슬로 얽혀 있었다. 아프리카에서 끌려온 흑인들은 중남미의 사탕수수밭에 던져져 죽음보다 더한 노동을 강요받았고, 이들이 생산한 설탕으로 식민제국은 부와 풍요를 일궜다.

그리하여, '설탕'을 열쇳말 삼아 유럽-아프리카-중남미를 잇는 노예무역 삼각 꼭짓점을 헤맨 다큐 피디의 여정은 쓰디 썼다. 하얀 설탕의 본질은 검은 눈물이었으므로. 인간의 잔인함은 어디까지인가. 탐욕은 자제가 불가능한가. 아프리카는 왜 여전히 가난한가. 지배와 착취의 구조는 변화할 수 없는가. 문장과 문장 사이 쉼없이 찍힌 물음표로 인해 이 책은 흥미로운 취재기를 넘어선다. 생생한 현장 취재와 다양한 자료를 솜씨좋게 버무리면서 제국주의 본질을 깊이있게 포착해냈다. 가끔씩, 미뢰에 단맛이 스칠 때 질문이 돋아날 것 같다. 과연 설탕의 빛깔은 무얼까.

차례

추천의 글
- 설탕의 빛깔은 무얼까 • 004

프롤로그
- '설탕'이라는 제목의 드라마 • 010

제1장 설탕이 바꾼 세상
- 영국, 일본, 그리고 대한민국

1. 영국
   - 설탕으로 이룬 산업혁명 • 017
2. 일본
   - 설탕이 바꾼 일본의 역사, 메이지유신 • 040
3. 대한민국
   - 반도체 혁명을 이끈 삼성의 첫 시작 • 060

제2장 끝나지 않은 '노예의 길'
  - 아프리카

대항해시대와 노예의 길 • 069

1. 베냉
   - 노예의 길을 따라 전파된 부두교의 고향 • 075
2. 가나
   - '황금' 무역에서 '설탕' 무역으로 • 105
3. 남아프리카 공화국
   - '세상의 끝'에서 만난 '설탕 전쟁' • 118

 제3장 설탕 그리고 '해적'
  - 캐러비안

캐러비안의 '해적'들 • 139

1. 브라질
   - 싱크레티즘과 카포에이라에 담긴 노예들의 저항 정신 • 141

2. 쿠바
- 유기농 협동조합으로 극복한 모노컬처의 비극 • 160
3. 바베이도스
- 노예제의 유산 청산을 위한 설탕소송 • 182
4. 자메이카
- 해적 그리고 '저항의 노래' • 199

제4장 '설탕섬' 그리고 '사진 신부'의 후예들
- 하와이

하와이로 떠나는 '신부'들 • 239
1. 하와이
- '천국'에서 만난 아픈 기억들 • 241

에필로그
- 성찰의 문명을 기대하며 • 271

작가의 말
- 끝나지 않는 설탕 이야기 • 276

참고문헌 • 287

인터뷰한 학자들 • 288

사진 출처 • 288

| 프롤로그 |

'설탕'이라는 제목의 드라마

    '설탕' 하면 무엇이 떠오를까. 어릴 적 즐겨 먹던 달콤한 과자? 혹시 '제로 슈가'만 찾아다니는 다이어트 생활자라면, 설탕이란 그저 피해야 할 천덕꾸러기 물질로 여겨질지도 모르겠다.

    그러나 인류에게 설탕은 단순한 음식 이상의 의미를 지닌다. '달콤한 갈대(Sweet Reed)'라 불리며 역사에 처음 등장한 설탕은 당시 왕조차 쉽게 얻을 수 없는 귀한 약제였다. 설탕은 다른 물질보다 월등히 달고, 흡수가 빠르다. 남녀노소 누구나 좋아하며 심지어 처음 먹는 사람도 그 즉시 좋아하게 된다.*

---

* 맛의 적응 기간이 거의 없다는 것인데, 커피나 담배와 비교해보면 이런 특질을 갖는 물질이 매우 드물다는 걸 알게 된다.

이런 설탕은 대량 생산이 가능해지자 단숨에 전 세계인의 입맛을 사로잡았다. 설탕은 세계 각국의 다양한 음식 문화와 만나면서 다채로운 음식을 탄생시켰고, 특히 차와의 조합은 환상적이었다. 설탕은 마침내 인류 최초의 '세계상품(staple)'의 반열에 오른다.

설탕이 세계상품이 된 바로 그때를 배경으로 3명의 인물이 등장하는 드라마를 한번 찍어보자. 첫 번째 등장인물은 '젠틀맨'이다. 그들은 우아한 거실에서 차와 함께 설탕의 단맛을 음미하며, 교양과 에티켓으로 자신을 감싸고, 친절한 태도로 사람

들을 맞이한다. 그러나 이 젠틀맨의 뒷면에는 어두운 진실이 숨어 있다. 그들은 식민지에서 노예를 착취하며 거대한 설탕 농장을 운영하는 냉혹한 농장주였다.

그들이 즐기는 단맛을 위해 피땀 흘려 일해야 했던 이들이 있었다. 바로 아프리카에서 강제로 팔려 온 흑인 노예들이었다. 무려 1천만 명에 달하는 사람들이 설탕을 위해 아프리카에서 다른 대륙으로 강제로 이동해야 했다.* 이들이 두 번째 등장인물이다.

지배자와 피지배자. 주인공과 빌런. 아주 익숙한 구도이다. 한편으론 식상하다. 그래서 필요한 것이 세 번째 등장인물이다. 지배와 억압으로 나뉜 세계에 반기를 들고 저항했던 이들. 나는 그들을 '해적'이라고 부르고 싶다. 한때 대항해시대를 누비던 배들에 가득 실린 것은 보물처럼 귀한 '설탕'이었다. 해적들은 이 설탕을 가로채고 노예선에 실린 흑인 노예들을 해방시키기도 했다.

물론 여기서의 '해적'은 하나의 비유이다.** 실제 '해적' 말고도 지배계급과 피지배계급 사이에서 저항한 이들이 있었다.

---

* 윌버 보스마(조행복 옮김), 《설탕》, 책과 함께, 2024, P. 94. "대서양을 건넌 1,250만 명 중 적어도 절반에서 3분의 2가 사탕수수 플랜테이션 농장으로 들어갔다."
** 이런 비유가 나만의 독창적인 것은 아니다. 《히드라》 (피터 라인보우, 마커스 레디커, 갈무리(2008))라는 책에서는 이런 '저항'의 상징으로 머리가 아홉 개 달린 괴수 '히드라'를 선택하기도 했다.

쿠바, 자메이카, 브라질 등지에서 탈주한 노예들, 바로 '마룬(Maroon)'이다. 마룬들은 '젠틀맨'들과 치열한 전투를 벌이기도 했다.

　젠틀맨, 노예 그리고 해적. 이들이 유럽과 아프리카, 아메리카 대륙을 가로지르며 벌이는 대하드라마! 이렇게 머리 속에 이미지를 그려두고 시작해보자. 하지만, 우리의 이야기는 그저 딱딱한 '정치'와 '경제'만 다루는 것은 아니다. 젠틀맨은 설탕의 달콤함을 만끽하기 위해 '설탕공예'를 비롯한 다채로운 음식 문화를 발전시켰다. 또 흑인 노예들은 그들의 한을 노래와 춤, 부두교 등의 예술과 종교로 승화시켰다. 해적들의 저항정신 역시 레게음악, 그리고 카포에이라 같은 무술에까지 녹아들었다. 자 그럼 이제 10개국을 한 나라씩 돌아다니며 이 드라마의 막을 올려보자!

제1장

설탕이 바꾼 세상

- 영국, 일본, 그리고 대한민국

1. 영국

설탕으로 이룬 산업혁명

영국은 '젠틀맨', 즉 대항해시대를 지배했던 자들의 본거지다. 모든 것의 설계자이자 '원흉'이라고 할까? 이들은 설탕이 돈이 되는 사실을 깨닫자, 전 세계를 무대로 '삼각무역'이라는 기막힌 제작시스템을 구축했다.

그들은 사탕수수가 가장 잘 자라는 남미와 중미를 선택해 오직 설탕만 재배하도록 했다. (이렇게 한 가지 작물만 재배하도록 하는 것을 '모노컬처(monoculture)'라고 한다. 캐리비안 국가들은 지금까지도 모노컬처의 폐해를 겪고 있다.) 그러나 허약한 원주민 노동력만으로는 농장을 유지할 수 없게 되자, 영국은 아프리카에서 강인한 노예들을 납치해 설탕 농장으로 끌고 왔다. 이 모든 것은 당대에 '제국'이라 불릴 만한 힘을 지녔던 영국이기에 가능했던 기획이었다. 영국은 이 시스템을 통해 막대한 부를 축적했고 그것은 산업혁명의 밑거름이 되었다.

1) 설탕공예 (Sugar Craft)

설탕의 기원에 대해서는 여러 설이 있으나, 일반적으로는 고대 인도인들이 처음 만들어낸 것으로 알려져 있다. 문헌상으로는 BC 327년 알렉산더 대왕이 인도로 원정대를 보냈는데 원정대를 이끌던 네아르쿠스 장군이 "인도인들은 꿀의 힘을 빌리지 않고도 단맛을 냅니다."라고 보고한 것이 역사에 등장하는 첫 번째 설탕의 기록이다.

이후 설탕은 8세기경 이슬람 교도들에 의해 유럽으로 전해졌고, 십자군 전쟁을 계기로 유럽 전역에 퍼지게 되었다. 당시 설탕은 매우 귀하고 값비싼 약재이자 사치품이었으며, 왕과 귀족들의 전유물이었다. 이를 상징적으로 보여주는 것이 바로 '설탕공예'다. 우리에게는 다소 낯선 개념이지만, 오늘날 '웨딩 케이크'의 원조라 하면 조금 친숙하게 느껴질 것이다. 다만, 설탕공예의 시작이 그리 로맨틱하지는 않다. 설탕이 금보다 귀하던 시절, 권력자들은 그 귀한 설탕으로 거대한 조형물을 만들어 정적들에게 자신의 권세를 과시하고, 자신과 상대의 처지가 다르다

고서적에 기록되어 있는 설탕공예 작품들

는 걸 보여주는 '구별짓기'의 수단으로 활용했다. 그렇게 한껏 뽐낸 다음, 작품을 부숴서 나눠주었다고 한다.

역사상 유명한 설탕공예 작품들은 지금도 회자 된다. 예를 들면, 영국 제임스 2세의 치세 초기인 1685년경 로마에서 만들어진 것으로 전해지는 놀라운 설탕공예 작품이 있다. 로마의 예술가들은 왕의 미덕을 표현하기 위한 12개의 훌륭한 조각품을 만들었는데, 높이가 약 6피트(약 182cm)에 이를 만큼 거대한 설탕 조각상이었다고 한다.

지금도 런던에는 설탕공예 기술의 명맥을 잇는 곳이 있다. 우

페디 클라크의 집에서 본 설탕공예 작품들

리는 그중 한 곳을 찾아가서 패디 클라크(Paddi Clark)라는 설탕공예 작가를 만났다. 그곳에서 우리는 어디에 설탕공예 작품이 있는지 둘러보다 깜짝 놀라고 말았다. 말 그대로 방안의 모든 것이 설탕으로 만든 작품이었다. 꽃잎 하나하나를 감쪽같이 만들어 낼 정도로 정교한 기술이 그야말로 경이로웠다. 지금도 만들어지고 있는 설탕공예 작품을 실제로 보니, 과거 영국의 왕들이 자신을 과시하기 위해 만들었을 작품들이 얼마나 웅장하고 화려했을지 더욱 실감이 났다.

설탕 유입량이 조금씩 더 많아지면서 왕의 이런 작태를 따라 하는 귀족, 다시 그런 귀족들을 따라 하는 젠틀맨들이 나타났다. 예를 들어, 영국의 식민지였던 바베이도스에도 대규모의 설탕 농장들이 있었는데, 그 농장의 소유주들 중에서도 제임스 드렉스라는 인물은 특히 노예무역으로 엄청난 부를 쌓았다. 그는 자주 연회를 열었는데 다섯 가지 코스요리로 구성된 화려한 연회였다. 각각의 코스마다 20가지 이상의 요리가 있었다고 하니 한 번의 식사에 100가지 이상의 요리가 나오는 셈이었다. 그 코스 중 백미는 설탕으로 트럼프 카드를 만들어 성을 쌓거나, 금을 입혀서 만든 설탕 조각품으로 일대에 유명했다고 한다.

이처럼 설탕으로 다양한 조각품을 만들어서 자신의 부를 뽐내고 권위를 과시했던 이들은 영국 본토의 왕과 귀족, 그리고 식민지의 젠틀맨 계급에 이르기까지 다양했다. 그들의 허위의식을 그저 웃어넘길 수 없는 이유는 바로 그 이면에 피땀 흘려 일해야 했던 흑인 노예들이 있었기 때문이다.

2) 사보이(Savoy) 호텔의 티파티

설탕은 마치 마약처럼 처음 맛본 사람들을 사로잡았다. 영국 사람들은 설탕에 중독되었다. 1700년 당시 4파운드에 불과했던 영국인의 1인당 설탕 소비량은 1890년에는 90파운드에 달할 정도로 폭발적으로 증가했다.

이런 확산에는 '차'가 큰 역할을 했다. 홍차에 설탕을 듬뿍 넣

영국 런던의 사보이 호텔과 티파티를 즐기는 영국인들의 모습

티파티의 핵심인 설탕과 고급스러운 티팟 세트

어 마시는 것은 오늘날 영국의 상징과도 같은 모습이다. 당시 영국인들이 즐겼을 '티파티'의 모습을 생생하게 촬영하기 위해 런던의 3대 호텔 중 하나로 꼽히는 사보이 호텔을 촬영 장소로 섭외했다. 사보이 백작이 궁전으로 사용하던 이곳은 병원, 오페라 극장으로 쓰이다 1889년에 호텔로 개조되었다.

  한눈에도 고풍스런 호텔 로비에 '애프터눈 티파티' 회원들이 등장하고 차를 즐기기 위해 그들이 식당에 자리를 잡으면 종업원이 오늘의 스페셜티에 대한 설명을 한다.

  "우선 breakfast blend는 홍차의 왕과 여왕이라 불리는 실론과 아삼으로 만들었고 afternoon blend는 스리랑카에서 생산된 실론과 다즐링을 사용했는데, 부드럽고 향이 풍부한 차입니다. breakfast blend에 비해서 좀 더 마시기 쉽고 개운한 맛이 특징입니다."

이런 설명을 들으면서 과거 영국인들이 즐겼을 티파티를 그들의 입장에서 상상해보게 된다. '대영제국'의 동쪽 아시아에서 온 차, 그리고 제국의 서쪽 카리브해에서 온 설탕이 바로 이곳 런던의 중심가에서 만나게 되는 것이다. 당시 영국인들에게는 얼마나 황홀한 맛이었을까?

"영국에서 설탕의 거래량은 계속해서 늘어났습니다. 마찬가지로 차의 거래량도 늘어났죠. 설탕은 '마약'과도 같았고 영국 사람들은 설탕에 중독되었습니다. 그들은 설탕을 듬뿍 넣은 차를 마셨습니다. 그리고 이 설탕 무역은 삼각무역의 한 부분이었고 상인들은 이를 통해 막대한 부를 쌓았습니다. 그들은 사람들이 설탕을 넣은 차에 중독되는 모습을 보면서 기뻐했습니다. 18세기 말이 되자 런던의 항구로 들어오는 설탕의 양은 믿을 수 없을 정도로 많았습니다."

—마가렛 링컨 / 골드 스미스 대학 교수

3) 커피하우스의 탄생

설탕이 유럽의 음식문화에만 영향을 준 것은 아니다. 사회를 근본적으로 변화시키는 계기가 되기도 했다. 그 대표적인 예가

'자메이카 커피 하우스'의 입간판과 그곳에 모인 사람들

바로 '커피하우스'의 존재이다. 커피하우스를 통해 자유주의와 민주주의가 싹텄고, 설탕 무역을 통해 축적된 자본은 산업혁명의 밑거름이 되었다.

오늘날 흔하디 흔한 커피 가게들이 어떻게 사회를 바꿀 수 있었을까? 당시의 커피하우스는 오늘날의 스타벅스 같은 공간이 아니었다. 17세기 후반, 런던을 비롯한 노예무역 항구에서 처음 문을 연 커피하우스는 술을 제외한 여러 음료를 판매했다. 신분이나 계급에 상관없이 누구나 커피 한 잔 값인 1페니만 지불하면 하루 종일 시간을 보내면서 유용한 지식과 정보를 들을 수 있었기 때문에 사람들은 커피하우스를 '페니대학(Penny Uni-

17세기 무렵 커피하우스의 모습

versity)'이라 불렀다.

그 결과 중요한 금융회사들이 커피하우스에서 잉태되었다. 그 유명한 영국의 로이드 보험사도 '로이드 커피하우스'에서 유래했다. 뿐만 아니라, 로버트 보일, 뉴턴, 헉슬리 등이 활동했던 영국 왕립협회(Royal Society) 역시 그 시작은 커피하우스였다. '조너선(Johnthan) 커피하우스'와 '개러웨이(Garraway) 커피하우스'는 75년 동안 증권거래소의 역할을 했으며, '버지니아(Virginia) 커피하우스'와 '발틱(Baltic) 커피하우스'는 상업 해운거래소로 기능했다. 그렇다면 당시 커피하우스는 어떤 모습이었을까? 1625년 런던에 처음 세워진 '자메이카 커피하우스'가 지금도 남아 있다. 외형은 그대로지만, 현재는 와인을 파는 주점으로 바뀌어 있었다. 다만 가게 곳곳에는 과거에 사용했던 커피 기구들이 전시되어 있었고, 입간판에는 '런던에서 가장 오래된 커피하우스가 있던 곳'이라는 설명이 적혀 있다.

해가 지기 시작하자 인근의 직장인들이 하나 둘 모여들더니 가게 안은 발 디딜 틈 없을 정도로 붐볐다. 퇴근 후 술 한 잔을 기울이며 정보를 나누는 것이 이곳 직장인들의 루틴인 것 같았다. 사람들이 가게 안은 물론 바깥에서도 와인잔을 들고 진지한 대화를 나누고 있었다. 200년 전에도 이와 똑같은 모습으로 커피잔을 들고 정보를 나누었을 것이다.

17세기 런던에는 이런 커피하우스가 무려 3,000곳이나 있었다. 이 무수한 커피하우스들이 영국 민주주의와 산업혁명의 초석이 되었다. 독일의 저명한 사회학자인 위르겐 하버마스 역시 커피하우스가 '공론장'으로 기능했다고 말했다. '술에 취하지 않고' 대화와 토론이 가능한 커피하우스라는 공간이 당시 사람들에게는 매우 신선하고 트렌디한 장소였던 것이다.

4) 브리스톨 : 젠틀맨의 두 얼굴

앞서 말한, '젠틀맨, 노예, 그리고 해적'이 등장하는 '드라마'를 다시 떠올려보자. '영국 신사'라는 말이 있듯이 '젠틀맨'이라

스테드먼(J.G. Stedman)의 책에 실린 윌리엄 블레이크의 삽화로 왼쪽은 농장주의 모습이고 오른쪽은 채찍질 당한 노예의 모습이다.

하면 우리는 친절하고 예의 바른 남자를 떠올리게 된다. 그러나 '젠틀맨'이라는 말은 원래 '젠트리(gentry)'라는 계급에서 비롯된 것이다. 젠트리는 귀족보다는 한 단계 낮았지만, 상류층에 속했던 만큼 상당한 수준의 교양 교육을 받았다. 그렇다면 이 젠틀맨들은 정말로 '젠틀'했을까? 당시 영국의 대표적 무역항이었던 브리스톨에서는 그들의 낯선 모습을 엿볼 수 있다.

런던에서 약 190km 떨어진 항구도시 브리스톨은 18세기에 접어들면서 리버풀이 부흥하기 전까지 영국에서 두 번째로 번

평화로운 브리스톨 항구의 모습

에드워드 콜스턴 동상과 'VIRTUOUS(덕이 있는)'라고 적힌 표식

성한 항구였다. 브리스톨의 역사에 대해서는 브리스톨 대학교 역사학 교수 마지 드레서(Madge Dresser)의 도움을 받았다. 우리는 그녀와 함께 브리스톨 항구에서 출발해서 17세기 건축물들이 고스란히 남아 있는 '킹 스트리트'를 둘러보았다. 항구와 가까운 이 거리는 대항해시대에 가장 번화했던 거리 중 하나였다. 이곳은 배를 타기 위해 모여든 선원들로 늘 붐볐으며, 자연스럽게 선원들을 위한 각종 편의시설과 술집이 들어섰다. 세계 각지에서 싣고 온 곡물들을 거래하는 '곡물거래소'가 브리스톨에 세워진 것도 대항해시대의 일이었다.

그런데 브리스톨에서는 어디를 가든 '콜스턴'이라는 이름과

콜스턴의 동상을 쓰러트리고 강가에 빠트린 다음 '흑인의 생명도 소중하다(Black Lives Matter)'는 시위를 이어가는 시위대의 모습

마주치게 된다. 콜스턴 학교, 콜스턴 거리, 콜스턴 회관……. 도대체 어떤 인물이기에 이렇게 이름이 남아 있는 걸까?

에드워드 콜스턴은 브리스톨 출신의 상인이었다. 그는 무역으로 거대한 부를 쌓은 동시에 박애주의자로 유명했다. 고향 브리스톨은 물론 영국 전역의 자선 단체, 학교, 교회에 막대한 기부를 했기 때문이다. 그래서 '콜스턴 학교'에서는 매년 그의 생일을 기념하는 행사를 열고, '콜스턴 번'이라는 특별한 빵을 만들어서 팔기도 한다.

브리스톨 중심가에 세워진 콜스턴의 동상에는 '덕이 있는(virtuous)' 사람이라는 문구가 새겨져 있다. 오랫동안 지역민의 존경을 받아온 증거다. 하지만, 최근 그가 노예무역에 깊이 관여했다는 사실이 밝혀졌다. 그는 카나리아섬의 설탕공장에 투자했고, 1698년까지 노예무역을 독점했었던 로열 아프리칸 컴퍼니(Royal African Company)의 일원으로서 200명의 아이들을 아프리카 기니코스트에서 카리브해의 바베이도스까지 노예선에 실어 보내는 것을 결정했다는 기록이 발견되었다.

이로 인해 브리스톨에서는 엄청난 논쟁이 일어났다. 흑인 인구가 적지 않은 이 도시에서 조상들을 노예로 만든 인물의 동상을 그대로 두는 것은 모욕적이라는 주장이 제기된 것이다. 동상을 철거하고, 그의 이름을 딴 건물들의 명칭을 바꾸어야 한다는 목소리가 드높아졌다.

이것이 내가 브리스톨을 방문했던 2018년의 상황이었다. 그런데 이 책을 쓰기 위해 최신 자료들을 검색해보고는 놀라지 않을 수 없었다. 2020년 6월, 시민단체들의 분노는 걷잡을 수 없이 커졌다. 그들은 에드워드 콜스턴의 동상에 빨간색 스프레이를 뿌리고, 목에 줄을 걸어 동상을 넘어뜨린 뒤 이리저리 끌고 다니다가 마치 처형하듯이 다리 너머 강으로 던져버린다. 이 현장의 생생한 모습을 인터넷 동영상으로 찾아볼 수 있었다. 실제 사람이 아닌 동상이었지만, 섬뜩하고 충격적인 영상이었다.

그 후 에드워드 콜스턴의 이 동상은 시의회에 의해 수거되어 현재는 박물관에 보관되어 있다. 동상을 물에 빠뜨린 시민단체는 실정법 위반의 혐의를 받았으나, 격론 끝에 아무도 처벌받지 않았다고 한다.

오랫동안 자선가로 존경받아온 인물조차 잔혹한 노예무역의 주범임이 드러났다. 이러한 사실은 현대의 영국인들에게 큰 충격을 주었고, 격렬한 찬반 논쟁을 촉발시켰다. 이것은 설탕으로 인해 생긴 비극이 단순히 과거의 일이 아님을 보여주는 살아 있는 사례라 할 수 있다.

5) 리버풀 노예박물관

브리스톨과 함께 대표적인 무역항이었던 리버풀에는 '노예박

해양박물관(Maritime Museum)과 같은 건물에 있는 노예박물관의 외부와 내부

노예박물관에 전시된 노예 무역상과 관련이 있는 지명이나 도로명 표지판과 실제 '페니레인' 표지판

물관'이 있다. 리버풀은 17세기 해상 무역의 중심이자 영국 산업혁명을 이끈 항구도시이다. 그러나 이 도시의 또 다른 이면은 노예무역의 거점 도시였다는 사실이다. 이런 부끄러운 역사를 반성하고 참회하는 의미로 건립된 것이 바로 노예박물관이다. 물론 노예박물관은 세계 여러 곳에 있다. 내가 직접 방문했던 남아프리카공화국과 베냉에도 노예박물관이 있었지만, 리버풀의 노예박물관이 규모 면에서 가장 컸다.

리버풀 노예박물관에는 브리스톨의 '콜스턴' 사례와 마찬가지로 노예 무역상과 관련된 지명이나 도로명 표지판을 모아놓은 구역이 따로 있다. 그중 특별히 유명한 길이 하나 있는데, 이유는 리버풀이 배출한 세계적인 그룹 비틀즈 덕분이다. 비틀즈의 노래 〈페니레인〉의 제목이기도 한 '페니레인'은 실제 존재하는 길 이름이다. 이 이름은 '제임스 페니'라는 인물에게서 유래했으며, 그는 노예제도와 관련이 있는 인물이다.

제임스 페니는 노예 상인이었다. 그는 노예제 폐지에 끝까지 반대하면서, 노예제 폐지로 인해 리버풀의 경제가 타격을 받을 것이라고 의회에서 당당하게 증언했다. 당시 노예 무역상들이 정계로 진출하는 것은 하나의 관례였다. 토마스 고라이틀리(Thomas Golightly)라는 노예 무역상은 1770년에 리버풀 시의원이 되었고, 이후 리버풀 시장까지 역임했다.

이처럼 젠틀맨들이 노예 무역상이 되는 것은 특정 소수의 일탈이 아니라 일반적인 관행이었다. 영국에서는 인자하고 자선을 베푸는 신사들이 식민지에서는 노예들을 착취하는 대농장의 주인이었던 것이다.

리버풀 노예박물관에는 노예와 관련된 다양한 유물도 전시되어 있다. 그중 가장 눈길을 끄는 것은 흑인 노예들을 잔인하게 고문했던 도구들이었다. 혹시 '구속구'라는 단어를 들어본 적이 있는가? 가장 잔인하고 기괴한 전시물 중 하나였다. 철로 만든 구속구를 얼굴에 씌우면, 입안으로 작은 철 조각이 들어가 말을 할 수 없게 된다. 게다가 강한 햇빛에 달궈진 구속구가 닿은 노예들의 몸은 화상을 입었고, 이로 인한 고통을 감내해야 했다. 노예가 탈출을 시도하다가 잡혔을 때는 물론이고 배고픈 나머지 몰래 사탕수수를 먹으려고 했을 때와 같은 사소한

 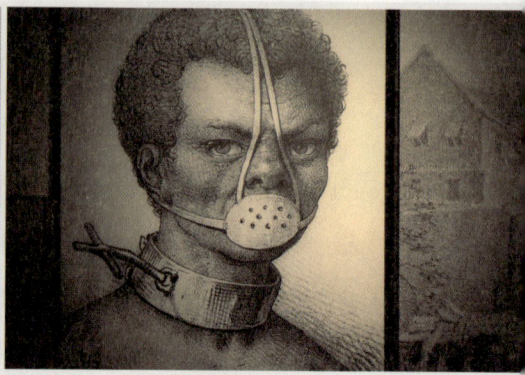

노예박물관에 전시된 흑인 노예에게 구속구를 채운 모습

일에도 이런 처벌이 가해졌다고 한다.

한편, 젠틀맨의 본거지였던 영국에서 우리는 설탕이 만들어 낸 부와 그로 인한 사회적 변화를 확인할 수 있었다. 설탕과 노예무역은 서구의 경제성장에 있어서 전례 없는 기회였다. 막대한 부가 서구로 유입되면서 가난한 노동자는 중산층으로 성장했고, 중산층은 더 나아가 귀족들이 독점하던 별장을 살 수 있을 정도로 부를 축적했다. 이와 같은 계급의 이동과 부의 확장은 사람들의 사회 의식을 성장시켰고, 결국 산업혁명과 민주주의라는 거대한 변화를 잉태하고 있었다.

그러나 아프리카인들에게는 정반대의 현실이 펼쳐졌다. 서부 아프리카 연안의 권력자들은 젊은 남성들을 카리브해나 아메리카의 식민지로 팔아치웠다. 이렇게 팔려간 노예들은 그야말로 참혹한 삶을 살아야 했으며, 그들을 팔아치운 권력자들 역시 자신의 모든 부와 권력을 잃고 결국에는 서구의 식민 지배를 받는 신세를 면치 못했다.

[촬영일지]

대장정의 시작 : 아이반 데이와의 만남

첫 촬영 기념사진, 아이반데이&스태프

2017년 10월 21일 영국행 비행기를 타면서 설탕 다큐멘터리의 첫 촬영이 시작되었다. 하지만, 사실 이 작업의 출발점은 훨씬 전이었다. 모기에 물려가며 A4 용지 50페이지에 달하는 기획안을 완성한 것은 2012년 여름이었다. 그러니까 실제 촬영까지 무려 5년이 걸린 셈이다.

제작 전의 과정뿐 아니라, 실제 제작 기간도 길었다. 2017년에 첫 촬영을 하고 2019년에 방영을 했으니, 3년에 걸쳐 총 10개국을 촬영한 대장정이었다. 그 긴 여정의 출발지는 바로 영국! 첫 촬영은 2017년 10월 23일, 세계적인 음식 역사학자 아이반 데이(Ivan Day)와의 인터뷰였다.

《누들로드》,《요리인류》 등등 우리나라 대형 음식 다큐멘터리에 빠지지 않고 등장하는 단골 손님인 그는 역사학자인 동시에 자격증을 가진 요리사이기도 해서 그의 자택을 방문했을 때 '설탕공예' 작품을 직접 만들어 보여주기도 했다.

인터뷰는 하루 종일 이어졌다. 어렵게 섭외한 자리였던 만큼 설탕에 대해 떠올릴 수 있는 거의 모든 것을 질문했고 그 역시 최대한 성심성의껏 설명해주었다. 그렇게 그와 함께 설탕의 과거 현재

미래를 여행한 다음 그에게 던진 마지막 질문은 바로 이것이었다.

Q. '당신은 설탕을 좋아하나요?'

"전 설탕에 중독되었습니다. 먹는 걸 조절하려고 노력하고 있지요. 전 음식 역사학자이고 직접 음식을 만들기도 해요. 무엇보다 설탕을 전공하고 있는 만큼 제 삶은 달콤한 것으로 둘러싸여 있죠. 제 배를 보면 아실 거예요."

아이반 데이의 집

사실, 시종일관 보여준 진지한 얼굴 말고 웃는 모습도 담고 싶다는 '의도'를 가지고 던진 질문이었다. 그는 마치 그런 기대를 알고 한껏 부응하듯, 수줍으면서도 환한 미소과 함께 솔직하게 답해주었다.

그와의 인터뷰는 의미가 컸다. 내가 혼자 골방에서 책을 읽고 세운 '가설'들을 울림이 있는, 실체가 있는 목소리로 하나하나 확인해 주었다. 기획안이 5년 동안 묵혀 있는 동안 함께 쌓였던 '회한'이 치유되는 순간이기도 했다.

젠틀맨, 노예, 그리고 해적이 뒤엉켜 만들어내는 우리 드라마의 모든 장면에서 '영국'은 빠지지 않는다. 마찬가지로 아이반 데이와 함께 하루를 보내며 촬영했던 이 인터뷰는 다큐멘터리 곳곳에서 든든한 뼈대가 되어주었고 책에도 녹아들어 있다.

2. 일본

설탕이 바꾼 일본의 역사, 메이지유신

일본 문헌에 설탕이 처음 등장한 것은 8세기였다. 중국에서 온 승려 감진(鑑真)의 짐꾸러미 속에 설탕이 있었던 것이다. 나라(奈良)의 쇼소인(正倉院)에 소장되어 있는 《슈쥬야쿠쵸(種々薬帳)》의 약물 리스트에도 설탕에 대한 기록이 있다. 여기에는 '쇼토(蔗糖)'를 사탕수수로 만든 설탕이라고 써 놓았는데, 8세기에는 설탕이 일종의 '약'이었으며 천황에게 진상될 정도로 귀했다는 사실을 알 수 있다.

설탕 제조 기술은 14세기 몽골제국 시대에 이슬람 세계로부터 중국의 복건성에 전해졌다. 그래서 당시 일본은 중국으로부터 설탕을 수입했다. 16세기에는 포르투갈이 마카오를 점령하면서, 마카오에서 출항한 포르투갈 선박이 중국의 설탕을 싣고 일본으로 들어왔다. 당시 일본이 수입한 설탕은 연간 약 500킬로그램 정도로 알려져 있다. 그러나 에도시대에 들어서면서, 네덜란드와 중국 선박을 통한 교역이 활발해졌고 일본의 설탕 수입량은 2,000톤~3,000톤에 이를 정도로 크게 증가했다.

1) 달콤한 '슈가로드'

에도시대의 설탕에 대한 취재를 하다가, 흥미로운 단어 하나가 귀에 들어왔다. 바로 '슈가 로드(Sugar Road)'였다. 서양에서 들어온 설탕을 당대의 지배자가 있던 오사카나 도쿄로 운반하는 길을 그렇게 불렀다는 것이다. 지금도 그 길을 따라 설탕과 관련된 다양한 특산물들이 있고, 설탕에 얽힌 이야기들이 전해 내려온다고 한다. 설탕의 '역사'를 풀어내기에는 이보다 더 알맞은 소재가 있을까!

슈가로드의 시작은 나카사키 앞바다의 작은 섬인 데지마(出島)였고, 최종 목적지는 막부의 쇼군이 있는 에도나 오사카였다. 설탕은 해로와 육로를 통해 운반되었는데, 이 가운데 나가사키에서 북큐슈까지 이어지는 224킬로미터의 육로가 바로 '슈가로드'라 불렸다. 이 길을 따라 설탕은 시중에 퍼져 나갔다. 나가사키의 관리와 하역 인부, 유곽의 기녀 등 외국인과 접하는 사람

에도시대의 슈가로드

데지마 섬의 과거와 현재 모습

들에게 설탕이 선물로 주어졌고 그런 설탕들이 슈가로드 주변에서 점차 유통된 것이다.

데지마는 나가사키 앞바다에 만들어진 인공섬으로, 약 4,000평 정도의 규모여서 10분이면 끝에서 끝까지 걸어갈 수 있을 정도로 아담하다. 옛 지도를 보면 섬이라는 것이 확연히 드러나지만 현재는 주변 지역이 전부 매립되어 섬이라고 느껴지지는 않는다. 막부는 이 작은 공간을 '무역 특구'처럼 만들어 서양인들이 이곳에서만 거류할 수 있게 했고, 허가받은 극소수의 인원만 드나들 수 있도록 통제함으로써 서양 문물이 확산되는 것을 막았다. 바로 이곳을 통해 서양의 설탕이 일본에 전해졌다.

꼼꼼하게 기록을 잘하는 나라답게, 일본에는 데지마에 관한 다양한 문헌이 전해지고 있다. 흥미로운 것은 판화나 그림 같은 시각 자료인데, 당시 데지마의 모습을 한눈에 생생하게 확인할 수 있었다.

서양 문명의 이기들이 가득한 방에는 서양인들뿐만 아니라 앵무새 같은 이국적인 동물들도 보이고, 시중을 드는 하인 중에는 흑인도 보인다. 그런데 이들 옆에는 일본의 기생이라 할 수 있는 게이샤들도 함께 있다. 데지마를 자유롭게 드나들 수 있는 극소수의 인원 중에는 게이샤도 포함되어 있었던 것이다. 그 누구보다 먼저 서양 문물을 접한 그녀들의 눈에는 이 모든 정면들이 얼마나 놀랍게 비쳤을까.

망원경과 당구대, 그리고 흑인 악사와 기생이 등장하는 다양한 판화들

보통 박물관은 촬영을 하기에는 적합한 공간이 아니다. 일단 움직임이 제한된 실내이기 때문에 금세 지루해지고, 벽에 붙어 있는 설명 역시 흥미를 끌지 못한다. 하지만 데지마라는 공간은 내가 가 본 일종의 '박물관' 중 가장 흥미로운 곳이었다. 섬 전체가 당시의 모습으로 재현되어 있어 마치 에도시대의 거리를 걷는 듯한 기분이 들었다. 발길 가는 대로 거닐다 건물로 들어가면 설탕 창고를 구경할 수 있었고, 당시의 모습 그대로 꾸며진

식당과 방도 만날 수 있었다. 그래서인지 우리가 방문했을 때, 데지마는 수학여행을 온 일본 학생들로 붐볐고, 심지어 한쪽에서는 드라마 촬영까지 진행되고 있었다. 이렇게 잘 보존되어 있는 역사적 현장을 보고 있자니, 왜 우리나라에는 '데지마' 같은 곳이 없는가 하는 아쉬움이 들었다.

우리나라의 부산도 개항의 역사가 깊다. 부산에는 1407년부터 일본인 거류지인 '왜관'이 들어섰다. 부산 안에서 몇 차례 위치를 옮겼지만, '초량 왜관'의 경우 그 규모가 무려 10만 평에 달했다고 한다. 1876년 근대적 개항이 이루어질 당시에는 이 초량 왜관 자리에 일본 영사관이 들어섰다. 하지만, 지금 부산에서는 왜관의 흔적을 찾아보기 어렵다.

2) 처음 만나는 설탕, '코보레자토'

아무튼 바로 이곳 데지마를 통해 들어온 설탕은 막부가 있던 오사카나 도쿄까지 대부분 육로로 옮겨졌는데 그 과정에서 재미난 일들이 많았다. 아마 시작은 '사고'였을 것이다. 설탕을 싣고 가던 수레가 고장 나면서 설탕의 일부를 흘리게 되었고, 그렇게 땅에 떨어진 설탕을 살뜰히 주워서 맛을 본 사람이 분명히 있었을 것이다. 그에게 이 설탕의 달콤함은 마치 천지개벽 같은 맛으로 다가왔을지도 모른다. 그는 집으로 돌아가 가족과 동료들에게 얼마나 자랑했을까! 그 이야기를 들은 사람들은 설탕이 얼마나 맛보고 싶었겠는가! 그리하여 '일부러 흘리는 사람'이 생겨났을 것이다.

나가사키 역사문화협회 이사장 엣쥬 데츠야 씨에게 이에 대한 이야기를 들어보았다. 아마도 지금껏 내가 인터뷰했던 사람 중 가장 연세가 많은 분일 것이다. 100세에 가까운 나이에도, 짓궂은 질문에는 마치 여섯 살 개구쟁이처럼 웃으셨다.

"나가사키에 처음 설탕을 싣고 들어온 것은 포르투갈 선박이었습니다. 그때가 1571년이었습니다. 포르투갈 선박이 일본에 더 이상 오지 않게 된 것은 1610년입니다. 대신 네덜란드 선박이 들어왔습니다. 포르투갈 다음으로 네덜란드가 들어오게 되었는데 일본에서 제일 큰 돈을 버는 품목이 무엇인지 알아보니 설탕이었던 겁니다. 그래서 네덜란드 선박은 나가사키로 점점 더 많은 설탕을 싣고 들어왔습니다.

한편 설탕이 막대한 이익을 남기면서 '코보레자토'라는 말이 생겼습니다. 설탕이 항구에 도착하면 배에서 육지로 설탕을 실어 나르는 작업을 하게 되는데 이때 짊어지면서 또는 포장이 찢어지면서 적지 않은 양의 설탕이 바닥에 떨어졌습니다. 이를 '코보레자토'라고 불렀는데, 이 설탕을 주워서 파는 상인들이 생겨날 정도였습니다. 코보레자토를 판매하는 상인들의 규모가 커지면서 '일부러 흘

리는 게 아닐까?' 하고 의심하는 사람이 생겨났고, 결국 코보레자
토를 관리하는 관청까지 생기게 되었습니다."

– 엣쥬 데츠야(96세) / 나가사키 역사문화협회 이사장

설탕을 정크푸드로 여기는 오늘날의 관점에서 보면, 바닥에 떨어진 설탕을 맛본다는 것만 해도 놀라운 일이다. 더욱 흥미로운 사실은 그렇게 일부러 흘린 설탕과 관련된 단어가 새롭게 만들어졌다는 것, 그리고 그것을 관리하기 위해 새로운 조직까지 만들어졌다는 것이다. 그만큼 처음 만난 설탕의 맛은 강렬했던 것이다. 이런 과정을 거쳐 점차 민간에도 설탕이 유통되는 일이 많아졌고, 설탕이 현지의 음식들과 만나게 되었다. 자연스레 나가사키는 설탕으로 유명한 도시, 더 나아가 설탕을 듬뿍 넣은 음식으로 이름난 도시가 되었다.

3) 나가사키의 달콤한 음식들

처음 설탕을 맛본 이들의 가슴을 뛰게 했던 흔적은, 지금도 슈가로드를 따라 다양한 음식의 형태로 남아 있다. 가장 대표적인 것이 '나가사키 카스테라'다. 카스테라는 1573년 나가사키의 제일 북쪽 '히라도'라는 곳의 선교사에 의해 처음 전해졌다고 한다. 당시의 카스테라는 지금처럼 부드럽지 않고 다소 딱딱한 과

'설탕의 고장' 나가사키가 만든 명물 카스테라

자였으나, 오랜 현지화 과정을 거치며 오늘날의 촉촉하고 부드러운 카스테라가 되었다. 굵직한 설탕 알갱이가 박혀 있는 카스테라는 '설탕의 고장' 나가사키가 만든 명물인 셈이다.

현재 나가사키에는 수많은 카스테라 가게들이 있지만, 일반적으로 후쿠사야(福砂屋), 쇼오켄(松翁軒), 분메이도(文明堂)를 '3대 카스테라'로 꼽고 있다. 어느 가게가 더 낫다고 단정하기 어려울 정도로 각사가 치열하게 경쟁 중이다. 우리가 직접 만난 분메이도의 영업부장 니오 히데토시 씨에 따르면 분메이도 카스테라는 에도시대 '사카모토 료마'가 만든 카스테라의 레시피를 그대로 복원해서 판매한다는 점을 강조하며 마케팅을 전개하고 있다고 한다. 이처럼 각사가 치열하게 차별화를 꾀하고 있지만 공통점도 있다. 그건 바로 설탕이다! 나가사키 카스테라를 뒤집어 보면 꽤 굵은 설탕 알갱이가 박혀 있는 것을 볼 수 있는데, 이는 나가사키가 설탕의 도시임을 잘 보여주는 것이다.

그런데 누구나 아는 나가사키 카스테라만 소개하는 건 조금 아쉬웠다. 좀 더 흥미로운 소재는 없을까 고민하던 끝에, 나는 '사찰음식'에서 답을 찾았다. 우리나라에서는 사찰음식이라고 하면 대개 담백하고, 자극이 적으며, 다소 무미건조한 음식을 떠올리게 된다. 나가사키에서는 사찰음식조차도 달다는 이야기를 듣고 상식을 깨는 재미난 아이템이라는 생각이 들었다.

그리하여 찾아간 '흥복사'는 1620년까지 거슬러 올라가는 유서 깊은 사찰이었다. 그런데 절의 분위기가 독특했다. 당시 나가사키는 포르투갈, 네덜란드뿐 아니라 중국과의 무역도 활발했던 곳이라 여느 일본 사찰과 달리 중국풍이 강하게 느껴졌다. 우리는 사찰음식의 대가로 알려진 마츠오 호오도 주지스님께 부탁드려 직접 조리하는 과정을 지켜볼 수 있었다.

스님이 준비한 것은 일본의 사찰요리인 '쇼진요리(精進料理)'였다. 사찰요리인 만큼 고기를 전혀 사용하지 않았지만, 버섯과 두부를 활용해 식감과 영양을 보완한 점은 우리나라 사찰음식과 비슷했다. 이곳의 쇼진요리가 다른 지역과 다른 점은 단연코 설탕을 많이 넣는다는 것이다. '시라아에'라는 요리를 예로 들면 으깬 두부에 갖가지 채소와 과일을 넣어 무친 다음에 간을 보

유서 깊은 사찰 흥복사의 모습

는데, '헉' 소리가 날 정도의 설탕을 넣고도 부족하다며 더 넣는 것이었다.

"일본에서 나가사키는 대외무역을 하는 유일한 항구였습니다. 오직 나가사키 지역에서만 풍부했던 설탕은 당시 아주 사치스런 물품이었고, 설탕을 듬뿍 쓴 음식은 나가사키 요리의 가장 큰 특징이 되었습니다.

 사람을 대접할 때 설탕이 듬뿍 든 음식을 내는 게 최고의 대접이었습니다. 제가 어릴 때만 해도 남의 집에 가서 식사를 할 때 음식이 달지 않으면 환대받지 못하고 있다는 의미니까 얼른 집으로 돌아오라고 아버지가 늘 말씀하셨습니다. 달지 않은 음식은 대접

받지 못하고 있다는 의미였습니다. 달지 않은 요리가 나오면 '설탕가게가 머네' '나가사키가 머네'라고 말함으로써 불만을 우회적으로 표현하기도 했습니다.

　간혹 관동쪽(도쿄쪽)에서 온 분들은 나가사키 요리는 너무 달아서 먹기 힘들다고 하십니다. 심지어 된장과 간장 같은 장류까지도 단맛이 강합니다."

– 마츠오 호오도(67세) / 흥복사 주지 스님

　메이지 시대부터는 설탕이 연말 선물로도 인기를 끌었다. 전국 각지에 있는 친척들이나 신세를 진 사람들에게 '나가사키 설탕입니다'라며 선물로 보냈다고 한다. 그래서 전국적으로 '나가사키'하면 '설탕'이라는 이미지가 생기게 되었다.

완성된 시라아에 요리, 그리고 '설탕 간'을 보는 스님

4) 별사탕? 콘페이토!

설탕이 운반되었던 슈가로드 길목마다 설탕과 관련된 특산물이 있는데, 그중에는 우리에게 친숙한 '별사탕'도 있다. 별사탕을 일본에서는 '콘페이토(金米糖)'라고 부르는데, 이 이름은 포르투갈어로 별사탕을 뜻하는 'confeito'에서 유래된 것이다. 포르투갈은 1546년 일본에 카스테라와 함께 별사탕을 전했고 당시 선풍적 인기를 얻었다고 한다.

이 별사탕을 전통 방식 그대로 만드는 가게가 있다고 해서 찾아가 보았는데, 꽤 규모가 큰 공장이었다. '일본'하면 '장인'을 떠올리던 나는 살짝 실망했지만, 막상 촬영이 시작되자 놀라지 않을 수 없었다. 공장 안으로 들어서자마자 달콤하고 따끈한 공기가 마치 한증막처럼 가득 차 있었다. '설탕공기'라는 말이 실제 있는지 모르겠지만, 달리 표현할 길이 없었다. 왜 그런가 둘러보니, 출입구는 두꺼운 비닐로 봉쇄되어 있었고, 공장 안에서는 분무기에서 설탕액이 쉴 새 없이 뿌려지고 있었기 때문이다.

'아니 정말 이렇게 만든다고?!'

만드는 과정을 눈으로 보면서도 믿기지 않았다. 30도 정도 기울어진 거대한 솥이 불판 위에서 계속 회전하고 있었고, 그 안에 설탕 가루를 넣으면 경사 때문에 설탕이 굴러 작은 덩어리(씨)가 만들어진다. 이때부터는 분무기로 설탕액을 계속 뿌리는 것이다. 굴리고 뿌리고 다시 굴리고……. 이 작업을 무려 보름

공장 안에서 일하는 노동자, 그리고 별사탕이 만들어지는 과정과 다양한 별사탕

동안이나 반복한다. 그렇게 설탕 덩어리가 점점 커지면서 뿔이 생기고, 결국 별사탕 모양으로 완성되는 것이다. 이 엄청난 작업 과정을 직접 보여주신 20년 경력의 오하마 노부히로 씨를 만나 보았다.

Q 그냥 틀로 찍어내면 안 되나요?

"별사탕 모양으로 틀을 만들고 거기에 당밀을 붓고 굳혀서 만드는 방법도 있겠지만, 저희는 작은 설탕 알갱이를 조금씩 키워가며 '콘페이토'를 만드는 전통 방식을 고수하고 있습니다. 그게 저희가 해야 할 일이지요. 알갱이를 하나하나 키워가는 마음, 마치 아이를 키우는 마음으로 콘페이토를 만들고 있습니다. 마음으로 만들고 있습니다.

이 방의 온도와 솥의 온도 조절이 어렵기 때문에 온도 조절에 주의를 기울여야 합니다. 또한, 겨울에는 건조시간이 길어지고 여름에는 건조시간이 짧아지는데 건조 상태를 봐가면서 이 당밀을 뿌리는 타이밍이 정해집니다. 결국 매일이 연습입니다. 20년 넘게 이 일을 해왔지만, 일을 그만두는 날까지 매일매일이 연습이라는 생각으로 일하고 있습니다."

― 오하마 노부히로(48세) / 이리에 제과 직원

사실 틀에 찍어서 단박에 만들어내는 별사탕과 이렇게 보름 동안 굴려가면서 완성하는 '콘페이토'의 맛 차이는 그리 크지 않을지도 모른다. 그렇게 생각하면 어이없을 정도로 비효율적인 제조 방법이지만 아이를 키운다는 마음, 매일매일이 더 잘 만들기 위한 과정이라고 생각한다는 마음가짐이 놀라웠다. 이것이 바로 장인정신이 아닐까!

우리나라와 달리 일본에서는 별사탕이 고급 과자로 여겨지며 가격도 상당히 비싼 편이다. 이렇게 고되고 정성스러운 과정을 거쳐야 한다는 사실을 떠올리면 충분히 납득이 간다. 우리는 이어 이 별사탕 회사의 대표인 이리에 마사히코 씨를 통해 별사탕에 얽힌 이야기들을 들어보았다.

"이리에 제과는 1934년 저희 할아버지께서 창립했습니다. 별사탕은 2대 사장인 제 큰아버지께서 처음 만들기 시작하셨고, 저는 3대 사장이신 아버지의 뒤를 이어 4대째 가업을 잇고 있습니다.

콘페이토는 1500년대 후반, 카스테라와 함께 포르투갈에서 나가사키로 들어왔습니다. 당시에는 매우 신기한 과자였기 때문에 도요토미 히데요시의 주군이었던 오다 노부나가에게까지 진상되었다고 합니다. 노부나가가 콘페이토를 지나치게 먹다가 이가 썩어 성질이 급해졌다는 흥미로운 일화도 전해집니다.

메이지 시대에 들어서면서 콘페이토는 축하연의 답례품으로 쓰이게 되었고, 황실의 결혼식에서도 홍백(紅白)의 콘페이토를 답례품으로 나누어 주었습니다. 현대에 들어와서는 훈장 서훈식의 답례품으로 콘페이토가 쓰이고 있습니다."

Q 이렇게 전통적인 방식을 고수하면서 만드는 곳이 이곳 이외에도 있는지요?

"현재 전국에는 약 10곳 정도의 회사만 남아 있습니다. 전성기에는 30~40곳이 콘페이토를 만들었지만, 대부분 도산하고 이제는

10곳 남짓만 남아 전통을 이어가고 있습니다.

사실 콘페이토 자체는 쇠퇴해버렸습니다. 하지만 저희는 이 전통 과자를 지켜야 한다는 사명감으로 젊은 세대에게도 콘페이토의 즐거움을 전하고자 했습니다. 그래서 미니 사이즈의 콘페이토를 만들고, 다양한 맛을 첨가하기 시작했습니다. 제일 처음 첨가한 것이 말차(抹茶)맛이었습니다. 거기서 점점 발전해서 과일맛, 코코아맛 등 현재 56종류의 콘페이토를 생산하고 있습니다. 목표는 100종류입니다. 콘페이토를 고르는 즐거움을 젊은이들에게 전해주고 싶습니다."

– 이리에 마사히코 (63세) / 이리에 제과 대표이사

처음 별사탕 공장을 찾을 때만 해도 그저 작은 아이템이라고 생각했다. 하지만 공장 안을 가득 채운 달콤한 공기, 서로 부딪히며 굴러다니는 별사탕이 만들어내는 청아한 소리, 알록달록한 색깔과 다양한 맛 등 후각, 청각, 시각, 미각까지 오감이 즐거운 이색적인 아이템이었다. 게다가 100가지 맛의 별사탕이라니!

5) 설탕과 메이지 유신

슈가로드를 통한 설탕의 전파, 그리고 그로 인해 형성된 음식 문화는 자연스럽게 영국을 떠올리게 한다. 영국에서 설탕이 커피

나 차와 만났다면 일본에서는 설탕으로 과자와 빵을 만들었다는 차이가 있을 뿐이다. 그렇다면 영국에서는 설탕 무역으로 쌓은 부와 커피하우스라는 공론장이 민주주의와 산업혁명에 일조했는데 일본에서 설탕은 어떤 사회적, 정치적 영향을 남겼을까?

영국에서 귀한 약으로 취급되던 설탕이 설탕공장을 통해 대량생산된 다음에는 서민들의 식탁에까지 오른 것처럼, 일본에서도 데지마를 통해 소량만 유통되던 설탕이 점차 소비량이 폭증하는 시기를 맞게 된다. 이 무렵 일본은 점차 자체적인 설탕 생산 기술을 습득하게 되었고, 주로 류큐(오키나와)와 아마미 군도(奄美大島)에서 생산이 이뤄졌다.

이 지역은 사츠마 번(지금의 가고시마현 서부)의 관할이었는데, 사츠마 번은 설탕에 세금을 부과함으로써 막대한 세수를 확보할 수 있었다. 이렇게 설탕으로 축적한 거대한 자본을 그들은 군사력을 근대화하는 일에 사용했고, 결국 사츠마 번은 막부보다 앞선 군사력을 갖추게 되었다. 이로 인해 막부와 사츠마 사이에 전쟁이 벌어지게 되었다.

"막부 말기에 사츠마와 쵸슈(지금의 야마구치현 서북부)를 중심으로 한 새로운 세력이 막부를 무너뜨리고 메이지 유신을 이루었습니다. 이때 사츠마 군사력의 기반이 된 것은 바로 사츠마에서 대량 생산한 '설탕'으로 얻은 엄청난 수익이었습니다. 설탕 판매로 확보한 경제력은 사츠마 번의 군사력뿐 아니라 근대 공업의 기반을 조성하는 자금이 되었습니다. 이렇게 보면, 사츠마 번의 근대화와 일본의 메이지 유신은 설탕을 통해 이루어졌다고 해도 과언이 아닙니다."

Q. 일본 근대화의 배경에 설탕이 있었다는 말씀입니까?

"일본 근대화의 경제적 기반은 에도시대의 상품(商品) 경제의 발달에 있습니다. 특히 에도시대 후반에 자본가와 결탁한 호농(豪農: 재력과 세력이 있는 농가)이라 불리는 계급과 도시의 무산계급, 즉 나중에 프롤레타리아 노동자로 불리는 다수의 사람들이 등장했습니다. 이를 두고 오늘날에는 근대 자본주의 사회의 원형이 이미 에도시대에 나타났다고 평가기도 합니다.

하지만 '메이지 유신'이라는 정치적인 사건에 관해서는 사츠마 번의 탁월한 경제력과 군사력을 주목할 필요가 있습니다. 사츠마 번의 군사력과 경제력의 배경에는 전국시대 이후 독립왕국으로서의 사츠마의 힘이 있었습니다. 에도시대를 거치면서 사츠마 번이 '류큐'와 '아마미 오시마'에서 얻은 설탕 수익을 재원으로 재정개혁에 성공했기 때문에 근대화 과정에 설탕이 중요한 역할을 했다고 생각합니다. 즉, 설탕이 일본의 근대화 그 자체라고 단정하는 것은 과장일 수 있지만, 메이지 유신이라는 정치적 사건에 한해서만큼은 설탕이 결정적인 영향을 미쳤다고 저는 생각합니다."

– 야오 케이스케 / 키타큐슈 시립대학교 문학부 교수

사실 이 인터뷰를 진행하고 내용을 전해 들었을 때, 나는 적잖이 놀랐다. 영국의 설탕 산업이 민주주의의 성장과 산업혁명에 기여한 바가 크다는 것은 설탕 관련 책에는 반드시 언급되는 기본적인 내용이다. 하지만, 메이지 유신과 설탕의 관계에 대해서는 내가 본 책에서는 한 번도 다뤄지지 않은 주제였다. 기존의 설탕 관련 문헌들이 주로 서양 학자들에 의해 서양의 사례들을 분석한 것이기에 어찌 보면 당연한 것이다.

그러면서 한가지 기억이 떠올랐다. 설탕 다큐멘터리의 제작비를 확보하기 위해 영국인 투자자들 앞에서 피칭할 기회가 있었다. 그때 "왜 BBC도 아닌 당신들이 설탕 다큐멘터리를 만들려고 합니까?"라는 질문을 받았다. 나는 그 질문에 대해 "설탕 문명과 노예 문제는 분명히 서양의 주제일 수 있지만, 아시아인의 관점으로 이를 들여다보고 싶습니다. 그렇게 다른 관점으로 이 문제를 보면 분명히 다른 함의를 찾을 수 있을 것입니다."라고 답했다. 내 답변이 얼마나 설득력이 있었는지를 확인할 수는 없지만, 우리는 그 라운드를 무사히 통과했다.

야오 교수가 설명한 '설탕이 일본 메이지 유신에 끼친 영향'과 같은 내용은 어쩌면 서양 학자나 서양의 방송사에서 다루지 않았던 '설탕에 대한 새로운 시각'을 보여주는 사례일 수 있다. 그렇다면 일본과는 또 다른 우리나라는 설탕에 대해 어떤 이야기를 담고 있을까?

3. 대한민국

반도체 혁명을 이끈 삼성의 첫 시작

'젠틀맨, 노예, 그리고 해적'이라는 우리의 '설탕 드라마'에서, 한국은 마치 한참 떨어져 있는 먼 이야기처럼 느껴졌다. 나 역시 그렇게 생각했다. 촬영을 시작하며 이번 프로젝트는 '해외 올로케이션'이라고 말하고 다녔다. 즉, 100퍼센트 해외에서 촬영한다는 말이었다.

하지만 설탕에 대해 알아가면서 내 생각이 잘못되었다는 것을 깨달았다. 설탕과 관련된 우리의 이야기, 설탕이 우리에게 전해주는 이야기는 우리나라에도 존재했다. 그중 가장 인상적이었던 사례는 하와이에서 만난 이야기다. 그 이야기는 이 책의 가장 마지막 장에서 다루기로 하고 여기서는 '처음 만나는 설탕'

에 대한 이야기만 하고자 한다.

우리나라에 설탕이 들어온 것은 삼국시대로 추정되지만, 최초의 기록은 고려 명종 때(1260년) 쓰인 이인로의 《파한집》에 남아 있는 것이다. 한 승려가 임금에게 화엄경을 강론하고 받은 돈으로 설탕 100덩이를 사서 방안에 쌓아 뒀다는 기록이 그것이다. 조선시대에는 와병 중인 어머니 소헌왕후가 사탕을 맛보고 싶어 했는데 끝내 구하지 못해 문종이 안타까워했다는 이야기가 전해진다. 다른 나라와 마찬가지로 설탕은 조선의 왕도 쉽게 구할 수 없는 사치품이었던 것이다.

설탕이 본격적으로 일반인의 삶 속으로 들어온 것은 20세기 이후의 일이다. 일제강점기인 1920년, 일본의 제당업체인 '대일본제당'은 평양에 사탕무를 원료로 하는 설탕공장을 세웠다. 그러나 생산능력의 한계로 인해 당시 우리나라에서 소비된 설탕의 대부분은 일본에서 수입된 완제품이었다.

국내 최초로 생산된 설탕 시제품 앞에 선 고 이병철 삼성 회장의 모습

그렇다면 우리나라 최초의 설탕공장은 언제, 어디에 세워졌을까? 우리나라 최초의 설탕공장은 삼성그룹의 창업주인 고(故) 이병철 회장이 1953년 부산 전포동에 건설했던 설탕공장이다. 1950년대 초까지 우리나라는 소비되는 설탕을 전량 수입에 의존하고 있었다. 당시에도 설탕은 거의 모든 음식에 들어가는 필수품이었지만 공급 부족과 인플레이션으로 가격은 600그램에 300환에 달했다(당시 소고기 600그램은 150환 정도였다). 이병철 회장은 생필품 국산화의 필요성을 절감하며 국내 최초로 설탕 제조에 나섰다. 1953년 6월 3일 제일제당 공업을 세우고 설탕 생산에 도전했다. 5개월간의 시행착오 끝에 같은 해 11월 5일 설탕 6,300킬로그램을 생산하는 데 성공했다. 이것이 국내에서 우리의 기술로 생산한 최초의 설탕이다.

제일제당은 최초 생산 직후, 600그램에 48환이라는 가격을 책정했다. 당시 임직원들 사이에선 가격 인상 논의가 있었지만, 이 회장은 "가격 인상보다는 설탕의 수입의존도를 낮추는 것이 더 중요하다."며 가격을 그대로 유지했다고 한다. 설탕 주문은 폭주했고, 제일제당은 1954년 4월 생산 시설을 증설했다.

'제일제당'이라는 상호가 요즘 젊은 사람들에게는 낯설지도 모르겠다. 제일제당은 1994년에 삼성에서 계열분리되었고, 2002년 사명을 CJ로 바꾸면서 설탕보다는 영화나 방송을 다루는 콘텐츠 기업으로 탈바꿈했기 때문이다. 하지만 부산에 건설했던 이 설탕공장이 오늘날 '글로벌 반도체 기업' 삼성의 첫 번째 '제조 공장'이자 출발점이라는 사실에는 변함이 없다.

당시 설탕공장의 이야기를 보다 생생하게 듣기 위해 제일제당 측에 도움을 요청했다. 그 결과, 부산공장 그리고 뒤이어 인천공장까지 30년을 설탕공장에서만 근무하다 퇴직하신 정태호 할아버지를 소개받을 수 있었다.

Q. 설탕공장이 삼성의 첫 번째 공장이라는데?

"삼성의 첫 번째 공장이 바로 부산 설탕공장이야. 그걸로 돈 벌어서 대구에 제일모직 공장을 지었는데, 당시 최신식으로 지어서 공장에서 연기가 안 난다고 다들 신기해했지.

그때는 설탕이 굉장히 귀했어.

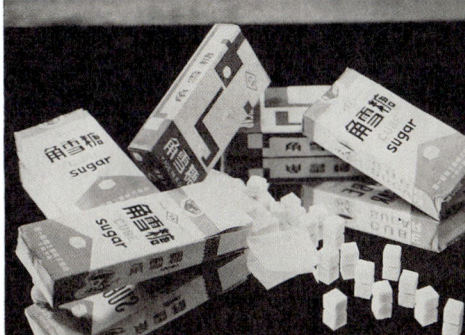

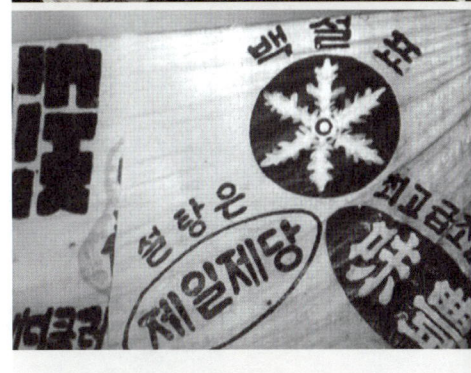

제일제당 부산 공장 완공 직전의 모습과 그곳에서 생산했던 설탕과 각설탕

설탕을 들고 밖에 나가면 그게 바로 돈이었거든. 현금이나 마찬가지였지. 설탕 실으러 공장 안으로 차가 들어오면 업무과에서 티켓에 도장을 찍어야 제품이 출하되는데 서로 설탕 달라고 난리였지. 만들기 바쁘게 팔려나갔어. 그렇게 계속 잘 팔리니 '백설표'가 사람들 입에 붙었지. '설탕은 백설표 설탕이 최고다' 이런 식으로……

회사에서 명절 때 3킬로그램짜리 설탕 포대를 하나씩 줬는데 그걸 들고 처가에 가면 사람들이 '어데 이런 게 있는가?!' 하면서 손으로 집어서 먹고는 놀라고 그랬지. 나도 설탕이 신기해서 공장에서 일하다가도 설탕이 보이면 한 움큼씩 집어서 먹고 그랬지.

제일제당 사원이라고 하면 부산에서는 알아줬어. 심지어 쌀도 외상으로 주고. 그래서 '천하제일제당'이라고 불렀지. 일등 신랑감이라고, 제일제당 사원한테는 무조건 딸을 준다고도 했어.

'천하제일제당'이라고 불릴 정도로 설탕이 인기 있었던 시절의 모습

인천에 설탕공장을 지을 때 부산공장 사람들이 올라가서 도와줬거든. 설탕 입자를 잘못 키우면 원심분리가 제대로 안 되는데, 그 작업을 잘못해서 인천공장의 학생공(고등학교 졸업하고 들어온 노동자) 한 명이 안타깝게 목숨을 잃는 사고가 있었어. 그래서 부산에서 내가 차출되어 인천으로 올라가서 문제를 해결했지."

– 정태호 할아버지 / 제일제당 전 직원

오랜만에 다시 인터뷰 영상을 보면서 이런 내용의 녹취를 정리하고 있었는데, 위의 대목을 이야기할 때 할아버지 눈에 눈물이 고여 있는 것을 발견했다. 방송을 위해 바쁘게 편집할 당시에는 전혀 눈치채지 못했다. 인천공장에서 해결하지 못한 문제를 부산에서 올라가 해결한 그 순간이 어쩌면 정태호 할아버지의 인생에서 가장 화려했던 순간이 아니었을까.

세월이 흘러 부산의 설탕공장은 사라지고 그 자리에 고급 주상복합건물이 들어섰다. 이 터에서 세워진 회사가 오늘날 전 세계에서 인정받는 글로벌 기업이 되었으니 당연히 명당자리 아니겠느냐는 입소문 덕분에 분양도 아주 잘 되었다고 한다. 그런데 이 책을 쓰는 동안 내가 소속된 회사가 이사를 했는데 공교롭게도 바로 이 대한민국 최초의 설탕공장 근처였다. 덕분에 매일 아침 옛 설탕공장 자리를 바라보며 생각에 잠기게 되었다.

곰곰히 따져보면, 오늘날 반도체로 세계를 호령하는 삼성의 첫 공장이 설탕공장이었다는 사실은 의미심장하다. 대항해시대에 설탕은 당대 최고의 히트상품이었다. 삼각무역의 세 모서리를 한 바퀴 돌고 무사히 배가 들어오면, 마치 잭팟을 터뜨린 것처럼 막대한 수익을 얻었다고 한다. 즉 당시 설탕산업은 오늘날 반도체와 같은 위상을 지녔던 것이다.

영국과 산업혁명. 일본과 메이지 유신. 그리고 한국경제와 삼성……. 이런 관계의 한가운데에 설탕이 자리하고 있었다. 시대를 초월하고, 공간을 뛰어넘어, 전 세계인의 입맛을 사로잡은 설탕은 인류 역사에 굵직한 변화를 남겼다.

하지만, 설탕이 인류 역사에 초래한 가장 큰 변화는 따로 있다. 매혹적인 달콤함 뒤에 숨겨진 피비린내 나는 비극. 이제 그 이야기를 시작해보자.

제2장

끝나지 않은 '노예의 길'

- 아프리카

대항해시대와 노예의 길

잠시 아시아를 떠돌았지만, '젠틀맨, 노예, 그리고 해적'이 벌이는 드라마로 다시 돌아가 보자. 젠틀맨의 무대가 영국이라면 노예가 등장하는 주무대는 아프리카이다. 아프리카는 우리의 드라마에서 '노예', 즉 피지배자의 공간이다. 평화롭게 살던 사람들이 어떤 과정으로 노예선에 실려 설탕 농장이 있던 남미와 캐러비안 지역으로 갔는지 살펴보자.

노예제도는 사실 인류 역사만큼이나 오래된 제도이다. 사람이 사람을 사고파는 일은 적어도 고대의 역사책에서는 새삼스러운 일이 아니다. 하지만, 대항해시대에 설탕으로부터 비롯된 노예 문제는 고대의 노예 제도와 차원을 달리한다.

붉은 흙이 인상적인 '노예의 길(Slave Road)'

- 숫자 : 무려 1200만 명의 아프리카인들이 끌려갔다.
- 거리 : 대륙과 대륙을 넘나드는 초장거리 노예무역이었다.
- 기간 : 300년이 넘는 기간 동안 지속되었다.
- 편견 : 아프리카라는 특정 문명권의 사람 전체가 노예화
  되면서 인종주의와 결부되었다.

즉, '유럽인'들이 주도하여 '아프리카인'을 노예로 삼아 '아메리카' 플랜테이션에서 강제로 일하게 했고, 그렇게 해서 만들어

진 것이 바로 '설탕'이었다.

나를 비롯한 한국의 대중은 《뿌리》라는 미국 드라마를 통해 흑인 노예 문제를 처음 접했기에 '흑인 노예'라고 하면 면화 재배를 떠올린다. 그러나 아프리카에서 보내진 노예의 4퍼센트 정도만 북아메리카로 향했다고 한다. 즉, 나머지 96퍼센트가 카리브해와 브라질, 여타 남아메리카로 갔고 이들 대부분은 설탕 관련 노동에 종사했다.[*]

일본에 '슈가로드'가 있다면, 아프리카에는 '노예의 길'이 있다. 슈가로드가 달콤함과 환희로 가득 찬 즐거운 길이었다면, 노예의 길은 납치된 사람들이 팔려 가기 위해 걸어야 했던 피, 땀, 눈물의 길이다. 일본 슈가로드에는 카스테라와 별사탕이 있다면, 아프리카의 노예의 길에는 지금도 노예사냥과 노예시장의 흔적들이 고스란히 남아 있는 것이다.

---

[*] '마크 애런슨, 마리나 부드호스(설배환 옮김), 《설탕, 세계를 바꾸다》, 검둥소(2013), 77p

[촬영일지]

아프리카로 가는 길

출발 : 2018년 5월 22일

　2018년 5월 3일, 이 날은 하와이 촬영을 마치고 귀국한 날이다. 하지만 20여 일 만에 다시 아프리카로 떠나야 했다. 20일이라는 시간이 길다면 길지만, 이전 출장의 여독을 풀고 다시 짐을 싸기에는 턱없이 모자란 시간이었다. 그리고 아프리카 세 나라를 한 번에 간다는 건 무리수였다. 왜냐하면 남아공에서 베냉까지는 비행기를 3번 경유해야 하고, 총 18시간이 걸리기 때문이다. 출발 3일 전이 되어서야, 남아공에서 베냉까지 가는 것이 한국에서 남아공까지 가는 것만큼이나 시간과 비용이 많이 든다는 사실을 깨달았다.

　황열병 예방접종도 빼놓을 수 없다. 김해공항에 그런 곳이 있는지 몰랐다. 긴 복도를 따라 한참을 걸어가니, 꽤 큰 검역소가 나타났다. 친절한 간호사, 더 친절한 의사. 하지만 주사의 부작용을 설명하자 모두 겁을 먹었다. 이런 주사까지 맞아가면서 아프리카로 떠나는 여행자들은 참으로 대단한 사람들이다. 주사를 맞고 나를 제외한 전원이 열감, 메슥거림, 두통에 시달렸다. 잠복기까지 있다고 하니 나도 안심할 수는 없다. 황열병 외에 말라리아도 주의해야 한다. 만약 한국에 돌아와서 발병하면 국내 치료약이 잘 듣지 않으니 이동할 때마다 꼭 현지의 약을 사 두라는 조언까지. 아프리카는 참 유별나다.

　안 그래도 바빠 허덕이는데, 출발 하루 전날 서울 출장을 급히 다녀와야 했다. 원래 세 나라 모두 무비자 입국이 가능한 줄 알았는데, 뒤늦게 남아공만 무비자인 사실을 알게 되었다. 덕분에 가나 비자는 현지 코디를 통해 급하게 발급받았다. 3명에 무려 80만원! 눈물이 앞을 가리지만 안 받을 수는 없었다. 마지막 나라인 베냉은 그냥 랜딩비자로 하려고 했었다. 그러다 베냉 영사관이 한국에 생긴 걸 뒤늦게 알게 되어, 조금이라도 불확실성을 줄이기 위해 비자를 받기로 결정했다.

갑작스런 결정에 심란하긴 했지만 결과적으로 무사히 비자를 받았다. 이태원 주택가에 있는 베냉 영사관은 신기했다. 그리고 너무 친절한(?) 직원들. 갑자기 우르르 오더니 내 사인을 받으려 하고, 나를 둘러싸고 다 같이 사진도 찍었다. 게다가 옥상의 전망이 정말 좋았다. 다음에 서울의 부감 장면을 찍으러 와도 좋겠다는 생각이 들 정도였다.

아프리카 도착 : 2018년 5월 24일

이번 비행은 참 힘들었다. 아마 마음이 힘들어서 그랬던 것 같다. 집을 나올 때 마음이 무너졌다. 일에 치여서 힘들고, 말라리아나 치안이 걱정되어 힘들고, 아이들을 떠나는 것이 슬퍼서 힘들고. 체력도 바닥난 게 느껴져서 힘들었다.

그래서 아이들에게 해야 할 말을 하지 못했다. 아마 아이들은 별 차이를 못 느꼈을 것이다. 한 명 한 명 끌어안고 눈을 맞추고 덕담을 나누고 그렇게 떠나고 싶었는데 그러지 못한 게 마음에 걸린다. 출장 갈 때 혹여나 무슨 일이 있을지 모른다는 생각은 떠나는 이의 망상이겠지.

　3번의 비행기 중 2번이 비상구 좌석. 게다가 한 번은 텅텅 비어서 거의 눕다시피해서 왔는데도 장거리 비행은 힘들었다. 화장실 냄새도 났다. 마지막 한 번은 탄자니아로 간다는 150킬로그램이 넘을 듯한 거구의 아저씨의 옆자리. 머리가 너무 아팠다. 그래서 거의 아무 생각과 의욕이 없었다.

　첫 아프리카의 느낌이 어떠냐고? 놀랍게도 춥다! 숙소의 이불은 겨울 모포 수준이고 긴팔 티셔츠와 남방까지 껴입었는데도 한기가 느껴진다. 5월 말. 우리는 여름으로 가고 있지만, 여기는 남반구라 겨울로 가고 있는 듯하다. 좋은 점은 벌레나 모기가 없을 듯하다. 남아공의 숙소에는 철문이 있다. 이곳 요하네스버그의 치안 상태를 말해주는 듯하다. 음식은 모조리 맛이 없다.

1. 베냉

노예의 길을 따라 전파된 부두교의 고향

베냉(Benin)은 생전 처음 들어보는 나라였다. 하지만 예로부터 '노예 해안(Slave Coast)'이라 불릴 정도로 노예무역이 성행했던 바로 그곳이다. 그리고 지금도 아프리카에서 가장 가난한 나라 중 하나로 꼽힌다. 아프리카 촬영의 핵심은 바로 이곳에 있는 '노예의 길'이었다. 물론 노예의 길 외에도 인상적인 곳이 많았다. 베냉 최대의 시장인 '단톡파'에서 팔고 있는 상품들의 기괴함과 다채로움에서 이곳이 정말 아프리카구나! 라는 것을 실감했다. 세계문화유산 '간비에'도 인상적이었다. 말로만 듣던 부두교 예식을 가슴 졸이며 촬영한 것도 이곳 베냉에서다.

코디네이터도 유독 기억에 남는다. 보통 '해외촬영은 코디빨'

이라는 말이 있다. 코디네이터의 역량에 따라서 촬영의 질과 양이 좌우되기 때문이다. PD가 아무리 공부를 열심히 해도, 해외에서 직접 섭외하고 인터뷰를 할 수 없는 노릇이다. 그래서 극단적으로는 코디네이터가 PD의 말을 열심히 듣는 척하고는 '알아보니 그런 곳은 없습니다', '알아보니 그런 아이템은 촬영이 불가합니다'라고 해버리면 속수무책이다. 아무런 일도 할 수가 없는 것이다. 그래서 좋은 코디네이터를 섭외하고, 코디네이터가 우리 아이템에 흥미를 느끼도록 동기부여하는 것이 해외 촬영에서는 가장 중요하다고 생각한다.

그렇게 중요한 코디네이터가 베냉에서는 20대 초반의 가냘픈

베냉 촬영을 함께 했던 코디와 함께

한국인 여성이었다. 아무리 애를 써도 달리 코디를 구할 수 없었다. 베냉으로 여행가는 사람이 없으니 여행 가이드가 있을리 없고, 체류하는 한국인 숫자가 적으니 다른 나라에서처럼 교포를 찾는 일도 쉽지 않다. 결국 어렵게 현지의 선교사에게 연락이 닿았지만, 워낙 바쁘신 분이라 자신의 딸을 대신 소개해 주셨던 것이다.

이런 사정을 다 알고 만났음에도, 불면 날아갈 것 같은 가냘픈 여성을 보고 나니 절로 한숨이 나왔다. 게다가 처음에는 연락도 잘되지 않아 따로 외국인 코디를 알아봐야 하나 진지하게 고민하기도 했다. 하지만, 결국 우리는 촬영을 하면서 어려운 부분들을 하나 하나 헤쳐나갔다. 사실 아프리카 중에서도 베냉에서 유독 황당한 사건들이 많았는데, 우리는 함께 호흡을 맞춰 돌파했다.

1) 설탕의 세 가지 모습 - 간비에 수상마을

인류 역사에서 설탕은 크게 세 가지 모습으로 변화해 왔다. 처음에 설탕은 '사치재'였다. 왕이나 귀족처럼 특수한 계층만 소비할 수 있었고 귀한 약으로 쓰였다. 설탕이 돈이 된다는 걸 알게 되자 설탕은 '보편재'가 되었다. 공장 생산이 가능해지면서 가격이 내려갔고, 마침내 누구나 설탕을 소비할 수 있게 된 것이다. 그리고 현대에 이르러 설탕은 '정크푸드'의 대명사가 되었으며, 건강을 염려하는 사람들은 설탕을 죄악시하기도 한다.

설탕의 세 가지 모습은 시간이 흐르며 순차적으로 나타났다. 하지만 특정 시기에는 두 가지, 혹은 세 가지 모습이 중첩되고 혼재되어 나타나기도 한다. 아프리카의 가장 가난한 나라 중 하나인 베냉에서는 설탕의 이 세 가지 모습을 한꺼번에 만나볼 수 있었다.

베냉의 역사를 살펴보면 여러 부족이 있었지만, 절대 강자는

간비에 수상마을

'다호메이' 부족이었다. 일대를 통일한 이 부족은 1600년경 다호메이 왕국을 세웠다. 그러나 1878년 치열한 전투 끝에 프랑스에 패배하여 식민지가 되었고, 1960년에야 비로소 독립을 할 수 있었다. 그래서 남아공이나 가나가 영어를 사용하는 것과 달리 베냉은 지금도 불어를 사용한다.

베냉의 경제중심지인 코토누(Cotonou)에서 배를 타고 노코우에(Nokoue) 호수를 40분 정도 달리면, 수상 마을인 간비에(Ganvie)를 만나게 된다. 크고 작은 마을 50여 개가 모여 있는 이곳은 아프리카에서 가장 큰 수상마을로 1997년 세계문화유산에 등재되었다.

간비에 사람들은 호수 바닥에 말뚝을 박아서 수면으로부터 2~3미터 높이에 대나무로 집을 지었다. 생활에 필요한 온갖 물건을 파는 일종의 마트부터 식당, 식수를 공급하는 가게까지 없는 것이 없다. 현재 간비에 수상 마을에는 약 2만 명이 살고 있으며, '호수 위'라는 특수한 환경에 자리 잡게 된 시기는 400여 년 전, 바로 노예무역의 시대였다.

아프리카 최대의 수상가옥 도시 간비에 마을의 성립도 노예와 관련이 있다. 앞서 말했듯 이 지역의 절대 강자는 다호메이 부족이었는데, 이들은 잔혹하기로 악명이 높았다. 그들은 서구 열강에게 동족을 팔아넘기는 노예 장사를 시작했고, 그 마수에서 벗어나기 위해 도망친 이들이 만들어낸 피난처가 바로 간비

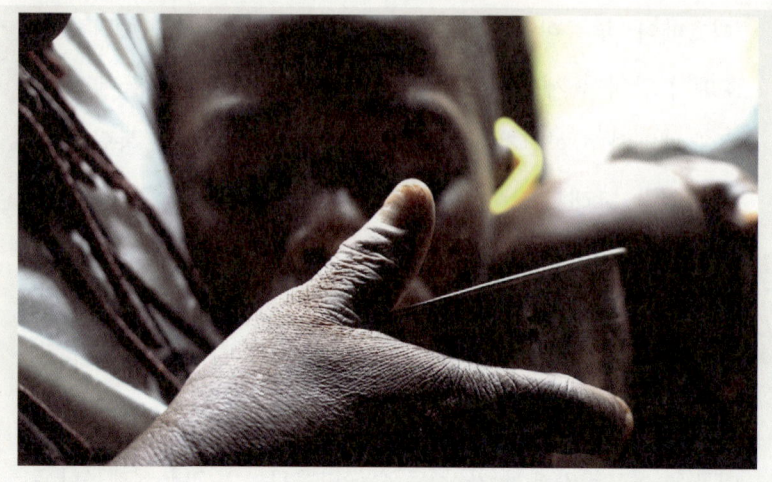

'약'으로서의 설탕

에 마을이었다.

  이곳 간비에 수상마을의 한 집에서 우리는 '약으로서의 설탕'을 만날 수 있었다. 우리나라에서도 중년이 넘은 이들은 설탕을 약의 대용으로 사용했던 기억이 있을 것이다. 나 역시 어린 시절 몸이 아플 때 어머니께서 설탕을 넣은 따뜻한 물을 주신 기억이 남아 있다. 놀랍게도 똑같은 풍경을 아프리카에서 마주한 것이다.

  그들은 약초와 파인애플을 넣은 물을 팔팔 끓인 뒤, 설탕을 마치 마법의 가루처럼 정성스레 뿌리고 잘 저어 아이에게 먹인다. 약을 먹이고는 아이의 가슴부터 배까지 정성스럽게 쓸어내린다. '설탕 약'을 먹은 아이를 품에 안고, 어머니는 감미로운 노래를 불러준다. 그 모습은 마치 우리 어머니들이 자식들을 돌보던 풍경을 그대로 옮겨놓은 듯했다.

Q. '설탕 약'은 어떤 경우에 쓰이나요?

"아이의 상태가 안 좋으면, 일단 테스트를 합니다. 아이 머리 위에 손을 얹는 거죠. 말라리아로 보이면 이 약을 먹입니다. 이 약 만드는 법은 조상 때부터 내려온 것입니다. 부모의 부모, 또 그 부모가 하는 것을 보고 배워온 것이지요."

Q. '설탕 약'을 주고 노래를 왜 부르시나요?

"왜냐하면 신은 우리 모두를 위해서 존재하기 때문입니다. 그리고 신은 아이가 병에 걸렸을 때 절대로 그냥 버려두지 않습니다. 우리를 잊지 않고 늘 돌보십니다. 신이 음식을 주셨고, 저는 그 음식을 아이에게 건넵니다. 신은 항상 나에게 좋은 것을 줍니다. 그래서 신의 이름으로 내 아이의 병이 치유될 것이라 믿습니다. 이것이 바로 노래를 부른 이유입니다."

– 웨데꾸떼 멜라니(아이의 어머니)

설탕을 약으로 쓰는 것에는 과학적 근거가 없지 않다. 설탕의 GI 지수(당 흡수율, 당이 소화 흡수되는 과정에서 몸 안의 혈당이 오르는 속도)는 68로 콜라 58, 우유 27, 땅콩 14보다 월등히 높다. 대부분의 음식은 소화 과정을 거쳐 자당으로 전환된 뒤 에너지를 제공하는데, 설탕은 애초에 자당 그 자체다. 따라서 중간 과정 없이 곧바로 열량을 얻을 수 있다. 생물학적으로 사람들이 설탕을 좋아하는 이유가 여기에 있다. 근현대를 제외한 5000년 동안 인류는 기아에 허덕였다. 이런 환경 속에서 즉각적으로 에너지를 공급하는 단맛은 생존에 직결되는 귀중한 자원이었다. 그래서 인간의 DNA 속에는 '달콤함을 갈망하는 본능'이 각인되어 있는 것이다.

이처럼 설탕에는 한때 약으로 쓰이며 '사치재'의 지위를 누렸던 모습이 간직되어 있다. 하지만, 오늘날 베냉에서 설탕이 귀한 재료인 것은 아니다. 오히려 설탕은 아이들에게 가장 친근

베냉의 간식 '도코'와 도코 먹는 아이

한 '간식'에 속한다. 대표적인 것이 바로 '도코'라는 튀김 과자다. 밀가루 반죽을 기름에 튀겨낸 뒤, 설탕을 듬뿍 뿌려 완성한다. 우리는 '설탕 약'을 만들던 그 어머니에게 도코를 부탁해 보았다. 동네 아이들에게 나눠주자, 아이들은 손가락까지 쪽쪽 빨아가며 환하게 웃으며 먹는다. 약으로서의 설탕과 간식으로서의 설탕, 두 얼굴이 한 자리에서 공존하는 모습이었다.

오늘날 아프리카에서는 설탕이 '정크푸드'의 대명사가 되어 천덕꾸러기 신세가 되었다. 예를 들어, 남아공에서는 설탕으로 인한 비만과 성인병이 증가하자 '설탕세(Sugar Tax)'를 도입했다. 설탕이 들어간 음료에 세금을 부과해 설탕 소비를 줄이려는 노력의 일환인 것이다. 사실 설탕세는 낯선 제도가 아니다. 세계 최초로 1990년대 노르웨이가 시행한 뒤, 헝가리와 프랑스, 핀란드, 영국, 이탈리아 등 약 30국에서 설탕세를 도입했다. 주로 선진국들이 앞장서서 도입하는 추세인데, 아프리카의 남아공도 2018년 본격 설탕세를 도입한 것이다.

설탕으로 인한 비만과 성인병의 증가가 남아공만의 문제는 아니다. 아프리카를 여행하는 동안 곳곳에서 비만인들을 쉽게 볼 수 있었다. '아프리카'와 '비만'. 마치 형용모순처럼 어색해 보이지만 아프리카의 각 나라들은 설탕 과다 섭취로 인한 심각한 비만 문제에 직면해 있다.

[촬영일지]

　수상마을 '간비에'의 취재는 사실 매우 어려웠다. 동네 주민들이 아프리카어로 말을 하면 간비에 현지 가이드인 카호메 씨가 불어로 통역하고, 이를 다시 한국인 코디가 우리에게 번역하는 3중 시스템이었다.

　중년 남성인 카호메 씨는 단순히 통역만 한 게 아니라 직접 출연도 했다. 1965년 태어난 이래로 간비에 마을에서 계속 살고 있는 그에게 마을의 이야기를 듣는 것은 자연스러웠다. 한편으로는 이 촬영에 대해 재미와 의미를 느끼게 하기 위한 동기부여 수단이기도 했다.

　하지만 그래서였을까? 인터뷰를 했으니 출연료를 더 달라는 그런 마음에서였을까? 간비에 마을에서의 힘든 촬영을 끝내고 다시 배를 타고 육지로 가야 하는데 그는 갑자기 안면을 바꾸었다. 돈을 더 달라고 했다. 사실 아프리카에서는 어딜 가든 꼭 돈과 관련된 트러블이 잦았기 때문에 간비에 마을을 촬영하기 전 이미 충분히 협의하고 금액을 확정했고 영수증까지 받아두었다. 그런데도 그 금액의 2배를 달라고 했다. 돈을 주지 않으면 배에 태워주지 않겠다고 버텼다.

　사실 한국 돈으로 환산하면 그리 큰 금액은 아니었다. 다만, 하루 종일 함께 촬영하면서 친해졌다고 생각했는데 순식간에 얼굴을 바꾸고 이런 '협박'까지 하는 것에는 오만 정이 다 떨어졌다. 피곤에 지친 우리는 어서 숙소로 돌아가고픈 마음뿐이었고, 결국 그의 요구대로 해줄 수밖에 없었다.

편집자로서 괴로운 점은 편집실로 돌아온 다음에는 이렇게 현장에서 실망감을 안겨준 사람의 얼굴을 편집실에서 계속 마주해야 한다는 것이다. 편집해 본 사람은 알 것이다. 수십 번 아니 수백 번을 계속 돌려가며 그의 얼굴을 보고 또 봐야 한다.

이처럼 PD와 현지 코디는 해외에서 만나 지지고 볶고 신경전을 벌인다. 그렇지만 앞서 소개한 사례와 같은 경우만 아니라면, 해외 코디는 그 촬영장소만큼이나, 때로는 촬영장소보다 훨씬 더 인상적인 존재로 남는다. 세월이 지나면 다녀온 곳의 풍광은 잊어도, 함께 동고동락한 코디는 잊을 수가 없는 것이다. 아마도 낯선 해외에서 긴장과 떨림 속에 서로 부대껴서 그럴 것이다. 초반에 그렇게 서로 각을 세우다가도 서로 마음이 통하는 날이 오고 그런 날에는 술잔을 기울이며 타지에서 살아온 코디의 인생역정을 모두 듣게 된다. 그 순간 한 사람의 진짜 인생을 만난 듯한 깊은 울림이 생기고, 그렇게 쌓인 기억은 시간이 지나 추억이 되고 그리움이 된다.

PD에게 각 나라는 결국 '코디의 얼굴'로 기억된다. 다들 잘 지내고 계시죠?!

2) '노예의 길'과 '돌아올 수 없는 문'

'삼각무역'이라는 단어를 교과서를 통해 들어본 적이 있을 것이다. 입시에도 자주 출제되었던 것으로 기억한다. 입시를 위해 배운 지식에 대해 우리가 어떤 '감정'을 갖는다는 것은 불가능에 가까운 일이다. 하지만, 설탕이라는 하나의 사물을 중심으로 실제로 삼각무역이 어떻게 전개되었는지를 알게 되는 순간, 삼각무역이라는 단어는 완전히 다른 느낌으로 피부에 와 닿는다. 이것은 소름 끼칠 만큼 '효율적인' 시스템이다. 영국의 저명한 음식 역사학자 아이반 데이의 설명을 들어보자.

"노예들은 유럽 선박에 실려서 아프리카를 떠나 브라질로 옮겨졌고 거기서 배는 설탕을 싣고 다시 유럽으로 향했습니다. 그러니까 선박들은 노예라는 '화물'을 싣고 브라질이나 아메리카의 섬으로 와서 노예를 처리한 후에 이번엔 설탕을 싣고 리버풀이나 리스본, 런던으로 와서 판매를 했죠. 그 다음 다시 노예 상인에게 판매할 화물을 배에 싣습니다. 이것이 바로 '삼각무역'입니다. 매 항해마다 화물을 싣는 거죠. 첫 항해에는 노예, 두 번째는 설탕 그리고 세 번 째는 노예를 살 수 있는 의류나 면직물을 싣습니다. 매 항해마다 돈을 버는 겁니다. 배가 빌 틈이 없었죠."

– 아이반 데이 / 음식 역사학자

설탕을 중심으로 이루어진 삼각무역

'배가 한시도 비지 않는다.' 삼각형의 꼭지점에 위치한 항구를 들를 때마다 돈을 벌었다. 참으로 효율적이면서도 섬뜩한 시스템이었다. 당시 브리스톨이나 리버풀 같은 항구도시에서 배가 출항한 뒤 이 배가 삼각무역 시스템을 통해 아프리카와 아메리카를 지나 다시 영국으로 돌아오기만 하면 요즘 말로 '잭팟'을 터뜨린 것과 같았다고 한다. 당대의 가장 고부가가치 산업이었던 것이다.

'노예의 길'이 시작되는 차차 광장, 이곳에서 노예시장이 열렸다.

우리는 삼각무역의 세 꼭지점을 하나하나 직접 눈으로 목격하고 촬영할 수 있었다. 앞에서 보았던 영국의 브리스톨과 리버풀 항구에서 출발한 배가 이곳 베넹에 도착해 노예를 싣고 대서양을 건너는 것이었다. 영국 상인들에게 노예를 파는 일은 노예 사냥꾼들이 맡았는데, 안타깝게도 노예 사냥꾼 중에는 같은 아프리카인들이 많았다고 한다. 앞서 언급한 다호메이 족이 대표적인데, 이들은 주변 종족들을 납치해 노예 상인들에게 팔아넘졌다. 노예 사냥꾼들에게 붙잡힌 노예들은 내륙 곳곳에서 배가 있는 선착장까지 걸어가야 했다. 바로 이 길이 '노예의 길'이다.

'노예의 길'은 차차 광장에서 시작되었다. 이곳에서는 거대한 노예시장이 열렸는데, 아프리카 각지에서 잡혀 온 노예들이 이 광장에서 거래되었다. 광장 옆에는 지금도 대저택이 있다. 문이 굳게 닫혀 있는 저택의 문 앞에는 커다란 대포가 있어 위압감을 준다. 바로 이 대저택은 포르투갈 상인 '데슈자(de Souza)' 가문의 소유였는데, 그는 아프리카 각지에서 끌려 온 노예를 거래하며 부자가 되었다고 전해진다. 노예시장에서는 "빨리 빨리, 노예를 사 가세요."라는 흥정 소리가 끊이지 않았다. 여기서 '차차(빨리 빨리)'라는 광장의 이름이 유래 되었다.

흥정이 이루어져 가격이 매겨진 노예들은 쇠사슬에 묶인 채 노예선이 정박해 있는 항구까지 걸어가야 했다. 지금은 차로 금방 갈 수 있는 거리지만, 당시에는 마을들을 돌아가며 이동해야 했기 때문에 최장 석 달까지 걸리기도 했다고 한다. '노예의 길'로 명명된 차차 광장에서 선착장까지 가는 길의 중간중간에는 노예와 관련된 수십 개의 장소들이 있었다. 전부 둘러볼 수는 없어서 현지 가이드에게 몇 군데를 추천받아 방문했는데, 대략 이런 식이었다.

현지 가이드가 어느 고목 앞에 멈춰 서서 설명을 시작한다. 당시 노예들은 쇠사슬에 묶인 채 이 나무를 지나갈 때 반드시

차차 광장의 표지석과 목 잘린 노예들이 묻혀 있는 고목

나무를 세 바퀴를 돌고 갔다고 한다. 세 바퀴를 돌면, 타국에서 죽어 육신은 비록 낯선 땅에 남아 있더라도 영혼은 이곳으로 돌아온다고 믿었기 때문이다. 게다가 이 나무의 아래에는 목이 잘린 노예들이 많이 묻혀 있다는 설명을 덧붙인다. 말을 마친 가이드는 갑자기 스스로 두 팔을 뒤로 돌려 결박된 척 연기하며 천천히 나무를 세 바퀴 돈다. 당시 노예들이 걸었던 모습을 재연해서 보여주는 것이다. 그의 설명과 행동 덕분에 평범해 보였던 나무와 주변 조형물들이 전혀 다른 의미로 다가왔다.

또 다른 장소는 처음엔 평범한 공원인 것처럼 보였지만, 실제로는 '묘지'였다. 이곳은 '노예의 길'을 걷는 동안 아프거나 죽어서 '상품 가치'가 없어진 노예들을 버렸던 구덩이가 있던 자리라고 한다. 노예무역이 성행하던 긴 세월 동안 수천에서 수만에 이르는 시체들이 흙으로 덮이지 않고 그대로 노출된 채 방치되었다고 한다. 1992년이 되어서야 학살 현장에 기념비를 만들고 공원처럼 조성한 것이다. 벽화에 쓰인 글귀가 무엇이냐고 물으니 '노예들에게 자유는 죽음이다'라는 말이라고 한다. 죽어서야 비로소 자유로워지는 노예들의 절박한 운명이 느껴진다.

'노예의 길'을 따라가면서 보았던 장소 하나하나가 모두 인상적이었지만, 그 길의 끝에서 마주했던 '돌아올 수 없는 문(Gate of no return)'은 어떤 포스트들보다 강렬했다. '돌아올 수 없는 문'은 노예무역이 한창이던 시절에는 존재하지 않았고, 후대에 건축된 조형물이다. 조악한 시멘트 구조물이었고 거기에 새겨진 조각도 뭔가 엉성했다.

"노예들에게 자유는 죽음이다."라는 글귀가 새겨져 있는 묘지

'돌아올 수 없는 문(Gate of no return)'과 세부의 모습

하지만, 끝도 없이 이어질 것만 같던 새빨간 황톳길 끝이자 저 멀리 펼쳐진 바다가 시작되는 곳에 서 있는 거대한 문을 보는 순간 숨이 턱 막히는 것 같았다. 당시 노예들은 이곳에 서서 어떤 마음이었을까. '이제 정말 끝이구나. 다시는 고향으로 돌아올 수 없겠지?' 이런 마음이 아니었을까. 그래서 이 문의 이름은 '돌아올 수 없는 문'이다.

노예들의 심정을 떠올리며 '돌아올 수 없는 문'을 지나, 무심히 출렁이는 바다까지 걸어보니 마음이 무거워졌다. 감상에 잠겨 한참을 그 자리에 머물렀다. 내가 느낀 감정을 표현하기 위해 드론을 이용했는데, 구조물 위로 높이 띄워보기도 하고 '돌아올 수 없는 문'을 통과시켜보기도 했다. 그걸로는 성에 차지 않아서 근처에서 놀던 동네 아이들을 섭외했다. 아이들이 바다를 바라보는 모습과 맨발로 바닷가에서 뛰어노는 장면을 연출하며 촬영을 이어갔다. 결국 이 날 촬영한 그림들은 본내용뿐 아니라 예고편과 프로그램 타이틀에까지 두루 쓰이면서 프로그램 전체를 통틀어 가장 많이 사용한 그림이 되었다.

이 '노예의 길'을 따라 걷다 보면 감수성이 특별히 예민하지 않더라도 자연스레 흑인 노예들의 심정을 떠올려보게 된다. 이런 감정들은 오늘의 우리가 떠올려보는 '상상'일 뿐이다. 굉장히 드물지만, 흑인 노예들이 당시의 상황과 감정을 직접 적은 기록들이 존재하는데 대표적인 것이 바로 이곳 베냉 출신의 노예 에퀴아노(Olaudah Equiano)의 자서전이다.

"나와 여동생만 남아 있을 때였다. 남자 둘과 여자 하나가 담을 넘어와 순식간에 우리 남매를 붙잡았다. 그들은 우리 손을 묶고는 가능한 한 멀리까지 끌고 갔다."

1745년 아프리카 베냉, 어른들이 모두 일하러 간 어느 날, 동네 아이들이 어울려 즐겁게 놀고 있었다. 바로 그때, 이들을 향해 다가오는 은밀한 그림자가 있었다. 바로 노예 사냥꾼이었다. 11살 소년 에퀴아노는 순식간에 이들의 손에 붙잡혀 납치되고 만다. 이후 노예선에 태워진 11세의 소년은 생과 사를 넘나드는

에퀴아노와 그의 책 《에퀴아노의 흥미로운 이야기》

드라마틱한 인생항로를 겪게 된다. 그리고 44세가 된 그 소년은 굴곡 많았던 자신의 인생을 돌아보며 《에퀴아노의 흥미로운 이야기》라는 자서전을 남겼다.

해군 장교의 노예가 되어 해전에도 여러 차례 참여했던 에퀴아노는 무역을 통해 큰 돈을 벌었고, 그 돈으로 자유를 얻었다. 이후 영국인 여성과 결혼하여 명실상부한 영국인이 되었지만, 그는 아프리카인이라는 자신의 정체성을 잊지 않았다. 책을 출간하면서 자신의 아프리카 이름인 '올라우다 에퀴아노'와 영국식 이름인 '구스타부스 바사'를 나란히 표기했을 정도였다. 나아가 그는 자신이 직접 겪고 보았던 노예제도의 문제점을 알리기 위해 왕비에게 직접 탄원서를 제출하기도 했다.

"제가 겪은 고통 또한 적지 않으나 제가 탄원하는 이들에 비하면 망각해도 좋을 수준입니다. 저는 왕비님께서 서인도 제도에서 폭압의 채찍 아래 신음하는 저의 동포 수백 만에게 연민을 보여주시기를 간절히 애원합니다."

성공한 영국인이자, 실제 노예 생활을 경험했던 에퀴아노가 촉발한 노예폐지 운동은 많은 사람들의 공감을 얻었다. 이 책은 흑인 노예가 쓴 최초의 자서전이라는 의미를 갖고 있다. 하지만, 그런 의미 이전에 당시 나에게는 이 책이 다른 어떤 책보다 흥미롭게 느껴졌다. 공교롭게도 이 책에는 우리가 '설탕의 드라마'를 촬영하기 위해 다루어야 하는 지역들이 망라되어 있었기 때문이다. 나에게는 이 책이 마치 보조교재인 듯한 생각마저 들었다. 누구라도 이 책을 읽다 보면, 고향을 떠난 아프리카 노예들의 삶을 마치 드라마처럼 생생하게 느낄 수 있을 것이다.

3) 부두교 : 단독파 시장과 부두교 제의

베냉의 경제적 수도로 불리는 코투누(Cotonou)에는 서아프리카 최대 규모를 자랑하는 단톡파 시장(Dantokpa Market)이 있다. 드론을 띄워 살펴보니, 양철 슬레이트 지붕으로 된 상가들이 끝없이 이어져 있어 그 규모가 실로 압도적이었다. 이곳에서의 촬영은 충격의 연속이었다. 각종 오물이 섞인 흙바닥 길을 아무렇지 않게 맨발로 다니는 사람들은 남녀노소 가릴 것 없이 길을 가다가 멈춰 서서 오줌을 눈다. 판매하고 있는 물건들도 생전 처음 보는 신기한 것들이 대부분이다. 도무지 정체를 알 수 없는 가죽과 털, 보기에도 섬뜩해 보이는 동물들의 해골……. 저걸 어디다 쓰는 걸까? 바로 부두교 예식에 쓰이는 제물들이다.

베냉은 부두교의 발상지로 알려져 있다. 베냉 국민 대다수가 부두교를 신봉하는데, 부두교는 비와 바람과 같은 자연의 힘을 숭배하며, 이러한 힘이 인간의 영혼에 영향을 미친다고 믿는

충격의 연속이었던 단독파 시장의 모습

제2장 • 끝나지 않은 '노예의 길'

종교이다. 1997년 베냉 정부에서는 부두교를 공식적인 종교로 인정했고, 지금은 수천 명의 부두교 신자들이 한자리에 모이는 부두교 축제가 이곳 베냉에서 열리고 있다.

부두교에 대해 우리가 갖고 있는 이미지는 어떨까? 흔히 주술과 저주로 점철된 아프리카의 미신적인 종교라는 인식, 혹은 오래전 축구선수들이 상대 팀을 저주하기 위해 부두교 의식을 했다는 기사 등이 떠오를 것이다. 우리가 갖고 있는 부두교의 이미지는 이런 단편적인 지식들이 쌓여 형성된 것일 가능성이 크다. 더 나아가 부두교에 대한 이런 부정적인 이미지는 서구 열강이 의도적으로 만들어낸, 다시 말해 조작된 것이라는 주장도 있다.

국내에도 번역된 《부두교-아프리카의 왜곡된 정신》이라는 책에서는 아프리카의 순수한 종교인 부두교가 식인 풍습과 결부된 병리적 종교, 혹은 악마 숭배의 종교로 왜곡되었다고 지적한다. 이는 서양의 식민 지배를 정당화하기 위한 음모가 대중 서적과 할리우드의 공포 영화를 통해 확대 재생산되었다는 것이다.

부두교는 그 시작부터 서구 지배문화와 노예제에 대한 저항의 의미를 담고 있었다. 강제로 납치되고 가족과 떨어져서 노예가 된 이들은 극도의 두려움 속에서 자신들을 지켜줄 수호 정령을 찾는 슬픈 노래를 불렀다. 아프리카를 떠난 그들에게 공식적으로 허락된 종교는 가톨릭뿐이었지만, 그들은 가톨릭 의식 속에 부두교 의식을 교묘하게 숨겼다. 백인 농장주의 눈에는 노예들이 가톨릭 의식을 행하는 것처럼 보였지만, 실제로는 부두교 의례를 치르고 있었던 것이다. 이렇게 '가톨릭과 혼합된 부두교'[*]는 아프리카인들의 향수와 그리움을 달래고 공동체의 결속을 다지는 동시에 자유를 향한 투쟁의식을 북돋는 원천이 되었다.

'살아있는 시체'를 의미하는 '좀비' 역시 부두교 의식에서 유래했다. 좀비의 유래에 대해서는 여러 가지 설이 있다. 대표적인 사탕수수 산지 '아이티'에서 전해 내려오는 이야기가 가장 널리 알려져 있다. 설탕 제조를 위해 흑인 노예들을 사고 파는 일이 횡행했던 시절, 주술사들은 마약 성분이 든 약을 사용해 희생자를 가사 상태에 빠뜨렸다. 이후 의사로부터 사망 판정을 받은 이들을 묘지에 묻었다가, 한밤중에 다시 꺼내 악덕 농장주에게 되파는 일이 잦았다고 한다. 농장주들은 이들이 반항하거나 탈출하지 못하도록 정기적으로 약물을 투여했다. 약에 취한 이들은 기억을 상실한 채 넋이 나간 표정으로 거리를 돌아다녔고 여기서 좀비 전설이 생겨났다는 것이다.

다른 버전도 있다. 사탕수수 농장의 가혹한 노동을 견디다 못한 흑인 노예들이 자살하는 일이 빈번했는데, 이로 인한 노동력

---

[*] 이런 현상을 혼합주의, 싱크레티즘(syncretism)이라고 부른다. 3장에 나오는 브라질 편 참조.

손실을 막기 위해 농장주들이 좀비 전설을 퍼뜨렸다는 설이다. 즉, 죽는다고 해서 가혹한 노동으로부터 해방되는 것이 아니며, 오히려 좀비가 되어 더 비참한 상태에서 평생 동안 노동에 시달려야 한다는 전설을 만들어낸 것이다. 심지어 이들은 노예들이 부두교를 통해 단결하지 못하도록 부두교 사제들이 좀비를 만든다는 유언비어를 퍼뜨리기도 했다. 어떤 버전이든 식민지의 부두교는 설탕과 관련이 있다.

이런 내용을 파악하고 있었기 때문에 아프리카에서 부두교 예식을 꼭 한번 촬영하고 싶었다. 매년 1월 10일부터 약 일주일 동안 베냉의 우이다(Ouidah)에서는 엄청난 규모의 부두 페스티벌이 열린다고 했다. 하지만, 우리의 일정은 5월 31일 베냉 도착이었으므로 아쉽게도 축제를 볼 수 없었다. 다행히 수소문 끝에 다소 작은 규모이긴 하지만 하루를 꼬박 투자해서 부두교 예식을 촬영할 수 있었다.

아프리카 특유의 리듬감이 넘치는 북소리와 함께 제의를 입은 '귀신(정령)'들이 등장하면서 부두교 예식이 시작되었다. 세 명의 정령은 옷차림도, 춤사위도 제각각이었는데, 마치 우리의 마당극처럼 맡은 역할에 따라 연기를 하는 것 같았다. 예를 들어, '아데'라는 이름의 정령은 인간을 괴롭히지 않고 도움을 주는 착한 신이다. 반면 요란스럽게 등장하는 다른 정령은 사람을 쫓아다니며 괴롭힌다. 축제에 참가한 마을 사람들은 이 정령의

부두교 예식에 참여하기 위해 모인 사람들

손에 몸이 닿으면 부정 탄다는 믿음을 가지고 있기 때문에 정령이 다가오기만 해도 혼비백산해서 도망치느라 큰 소동이 벌어졌다.

이 정령들은 아프리카에서 끌려간 노예들과 관련이 있다. 현지 가이드의 설명에 따르면, 노예들은 아프리카에서 태어나서 아메리카로 끌려갔고 그곳에서 생을 마쳤는데, 그렇게 죽은 그들의 영혼이 다시 고향으로 돌아와 정령이 되었다고 믿는다는

부두교 예식의 장면들

것이다. 결국 정령은 '죽은 노예들의 영혼'인 것이다. 그러니 이들이 추는 춤은 언젠가는 고향으로 돌아가고자 하는 간절한 바람이 담긴 춤이라 할 수 있다.

춤사위에 담긴 간절한 바람과 달리, 잡혀간 노예들 대부분은 고향으로 돌아오지 못했다. 하지만, 부두교는 흑인 노예들과 함께 신대륙 곳곳으로 전해졌다. 쿠바의 종교 '산테리아', 브라질의 종교 '칸돔블레' 등 각각 이름은 다르지만 이 종교들의 뿌리는 모두 부두교이며 현재까지도 명맥을 이어오고 있다.

[촬영일지]

　부두교 예식을 찍는 내내 긴장감이 흘렀다. 베냉이 안전한 나라라고는 하지만 그것은 관광지에서나 통하는 이야기일 것이다. 부두교 예식이 열리는 이 공터에는 우리를 제외하고는 정말 단 한 명의 이방인도 없었다. 관광지에서 멀리 떨어진 이 외진 곳에서, 알 수 없는 열광적인 종교적 분위기 속에서 어떤 소요가 일어나지나 않을까 하는 마음에 긴장을 놓을 수가 없었다.

　처음에는 군중과 떨어진 건물 2층에서 촬영하면서 분위기를 살폈고, 어느 정도 익숙해지고 나서야 지상으로 내려와서 근접 촬영을 했다. 여차하면 바로 도망갈 수 있도록 계획도 치밀하게 짜 두었다.

　다행히 아무런 사고 없이 촬영이 끝났는데 마지막에 약간 섬뜩한 느낌이 드는 일이 있었다. 부두교를 소개해준 현지인 가이드는 20대의 청년이었다. 이틀에 걸쳐 이런 저런 촬영도 같이 하고, 역시 직접 출연도 시키면서 꽤 친해진 상태였다.

　이날 부두교를 총 두 곳에서 나눠 촬영하였는데, 두 번째 장소에서 부두교 예식을 다 찍은 후 마지막으로 드론 샷을 찍고 싶다고 하자 갑자기 단호한 표정을 지으며 안 된다고 했다. 그래서 나는 일단 알겠다고 하고는 속으로는 현장에서 멀리 떨어진 곳에서 드론을 날릴 생각을 하고 있었다. 그런데 마치 속마음을 꿰뚫어본 것처럼 "당신들이 만약 내 말을 어기고 드론 촬영을 하면 저주를 받을 거야."라고 말하는 게 아닌가!

　만화나 영화, 아니 전래동화에서나 보던 '저주'라는 단어를 이렇게 실제로 귀로 듣게 되다니! 아하. PD로서 이런 상황에서는 어떤 판단을 해야 할까?

결국 나는 드론 샷을 찍지 않았다. '현지인들이 싫어하는 일을 굳이 해야 하나?'라는 생각도 있었고 그들의 전통을 존중하고 싶은 마음이 들기도 했다. 하지만 사실은 그저 무서워서 그랬는지도 모르겠다.

2. 가나

'황금' 무역에서 '설탕' 무역으로

베냉의 이웃 나라는 토고이고, 토고의 이웃 나라가 바로 가나이다. 토고와 가나는 축구팬이라면 모를 수 없는 나라들인데 모두 기니만(Guinea bay)에 나란히 붙어 있다. 특히 초콜릿 브랜드 덕분에 '가나'를 모르는 한국 사람은 없을 것이다. 초콜릿에 가나라는 이름을 붙인 이유는 아마도 가나가 대표적인 카카오 산지이기 때문일 것이다.

하지만 가나는 카카오 이전에 '황금해안(Gold Coast)'으로 더 유명했다. 대항해시대에 이 지역에서 황금이 발견되었기 때문이다. 덕분에 포르투갈, 영국, 덴마크, 독일, 스웨덴 등 서구 열강의 과도한 관심을 받았고, 결국 1821년 영국의 식민지가 되었다가 1957년이 되어서야 독립을 했다. 지금도 금은 가나의 대표적인 수출 품목이다.

베냉이 아프리카에서도 손꼽히는 가난한 나라인 반면, 가나는 상대적으로 잘사는 나라다. 우리는 가나의 수도에 위치한 아크라 공항에 도착하자마자 그 차이를 바로 느낄 수 있었다. 가나에서 함께 일하기로 한 한국인 코디가 공항으로 우리를 마중 나왔는데, 그가 타고 왔던 도요타의 고급 SUV를 보고 내심 깜짝 놀랐던 기억이 뚜렷하게 남아 있다. 베냉에서는 자그마한 승합차에 모든 스태프들이 옹기종기 끼어 타야 했고, 에어컨마저 고장 난 탓에 더위에 시달렸던 것과 비교하면 가나에서의 첫 출발은 아주 산뜻하고 좋았다.

가나에서도 다양한 촬영을 진행했다. 흑인 노예들의 한이 서린 음악을 가나 대학 캠퍼스에서 공들여 연출하기도 했고, 정말 어렵게 현지 의사를 섭외해서 아프리카 비만 문제에 대한 인터뷰를 카메라에 담기도 했다. 하지만 가나를 찾은 가장 큰 이유는 바로 '케이프 코스트 캐슬(Cape Coast Castle)' 때문이었다.

1) 케이프 코스트 캐슬

노천 황금의 산지로 유명했던 서아프리카 해안, 16세기 유럽인들은 이곳의 금을 채취하기 위해 앞다퉈 바닷가에 성을 세우기 시작했다. 황금 무역을 위해 세워졌던 이 성들은 17세기에 접어들면서는 노예무역의 중추적인 역할을 하는 장소로 변신했다. 그 중에서도 가장 잘 보존된 케이프 코스트 캐슬의 지하에는 특별한 용도의 감옥이 있다. 아프리카 각지에서 노예 사냥꾼들에게 잡혀 온 노예들을 가둬두던 지하수용소다.

이곳은 미국의 대통령이었던 오바마가 취임 후 가족과 함께 방문하는 장면이 CNN을 통해 전 세계에 생중계되면서 더욱

케이프 코스트 캐슬의 전경

유명해졌다. CNN 앵커인 앤더슨 쿠퍼가 오바마 대통령과 이곳을 걸으면서 인터뷰하는 영상을 유튜브에서 찾아볼 수 있다. 미국의 첫 흑인 대통령이 노예들이 팔려 갔던 현장을 직접 방문하는 것은 그야말로 빅 이벤트였을 것이다. 게다가 영부인인 미셸 오바마는 아프리카 흑인 노예의 직계 후손으로 알려져 세계인의 주목을 받았다.

베냉의 '노예의 길'이 차차 광장에서부터 항구까지 길게 이어진 '선'이라면, 이곳은 하나의 '점'과 같다. 하지만, 이 안에서도 촬영 동선을 만들고 싶었다. 첫 시작은 지하 감옥이어야 했다. 삼각형 모양인 이 성의 중정에는 지하로 내려가는 계단이 있다. 이 성의 주요한 기능이 '노예 수용'이었기 때문에 지하는 생각

노예들이 머물던 방, 바닥에는 홈으로 연결된 오줌길이 있다.

보다 넓었다.

복도를 중심으로 양옆으로는 여러 개의 방들이 있었는데, 잡혀 온 노예들이 노예선에 오르기 직전까지 머물러야 하는 공간이었다. 지하로 내려가는 계단에서, 복도, 그리고 방 안, 내부로 들어갈수록 점점 어두워져서 방 안에 들어서면 그야말로 칠흑 같은 어둠이 펼쳐졌다. 가까스로 눈이 어둠에 익숙해질 무렵, 눈길을 끄는 것은 바닥에 길게 그어진 홈이었다. 아무것도 없는 맨흙바닥이었는데, 방바닥 전체가 홈으로 연결되어 있었다. 이 홈의 정체는 '오줌길'이었다. 그 좁은 공간에서 오줌을 누면 홈을 따라 밖으로 흘러가도록 만들어둔 것이었다. 지하 감옥에 갇힌 노예들에게는 용변을 보는 최소한의 자유조차 허용되지 않

노예들을 가두었던 지하수용소 위에 세워진 교회

았다.

노예들은 바닥에서 잤어요. 이쪽으로 '쉬이~ ' 하면서 소변을 보면 오줌이 그대로 저쪽 바다로 흘러갔어요. 심지어 벽쪽을 향해 대변을 보기도 하고…… 그런 상태로 잠들어야 했어요. 노예들은 보통 이 지하 감옥에 2주 정도 있었는데, 길게는 3개월까지 있기도 했어요. 환경이 정말 열악했습니다. 그래서 많은 사람들이 지하수용소에서 죽었습니다. 죽은 시신은 그대로 바다에 던져졌습니다.

– 로버트 모건 / 현지 가이드

더욱 놀라운 사실은 이 끔찍한 지하수용소 바로 위에 교회가

장교들의 요구를 거절하는 여자 노예들을 가두어두었던 방

있었다는 점이다. 이곳을 방문했던 오바마 대통령도 수용소 위에 자리한 교회를 보고 큰 충격을 받았다고 한다.

> 2009년 7월 11일에 버락 오바마가 이 곳을 방문했습니다. 그때 오바마는 굉장히 큰 충격을 받았습니다. 지하 감옥 바로 위에 교회가 있었기 때문입니다. 그는 하느님의 교회가 왜 이 사람들이 울고 고통 받는 수용소 위에 지어졌는지를 이해하지 못했어요. 그러나 그것이 이곳에서 기독교가 작동하는 방식이었어요.
> ― 로버트 모건 / 현지 가이드

신음하는 노예들 바로 위에 하느님의 자비를 구하는 교회가 있다는 것은 지독한 아이러니다. 하지만 당시 교회는 노예무역에 대해 아무런 이의를 제기하지 않았으며, 심지어 교회에서 소유하고 있는 노예 농장도 있었다.

지하 감옥에서 나와 다시 중정으로 나서면 어지러울 정도로 눈이 부시다. 수개월 동안 지하 감옥에 갇혀 있던 노예들도 아마 이렇게 비틀거리며 눈부신 빛 속을 지나야 했을 것이다. 중정을 지나 노예선이 정박한 문을 향해 걸어가다 보면, 그 사이에 작은 방 하나가 있다.

> 지금 제 뒤에는 작은 방이 있어요. 이 방은 장교들의 요구에 "안

가나의 '돌아올 수 없는 문(Gate of no return)'

돼!"라고 말했던 여성들을 가두었던 방입니다. 성교를 요구하는 장교에게 싫다고 하거나 무시하면 "귀가 잘못됐다"고 하면서 여기다 가둬둡니다. 생각을 바꿀 때까지 그냥 두는 겁니다. 생각을 안 바꾸면 물이 든 큰 통을 들게 합니다. 2분 이상을 들고 있기 힘들 정도로 무거운 것이었습니다. 어쩔 수 없이 물을 버리고 성교할 준비가 되어 있다고 이야기 하겠지요. 그러면 해변으로 가서 몸에 묻은 피를 닦게 하고 장교 방으로 데리고 가서 강간을 하고 지하수용소로 다시 돌아가게 했습니다.

작은 방 옆에는 이처럼 거대한 문이 있습니다. 이제 노예들은 이 '돌아올 수 없는 문'을 통해 케이프 코스트 캐슬을 나갑니다. 수백만 명의 사람들이 이곳을 통과했습니다. 그리고 다시 돌아오지 못

나무 널빤지 '보드'를 타는 아이의 모습

했습니다. 그 당시 출구는 굉장히 작고 좁아서 허리를 굽혀서 빠져 나가야 했습니다.

– 로버트 모건 / 현지 가이드

 베냉의 '돌아올 수 없는 문'과 똑같은 이름의 문이 가나에도 있었다. 세월의 풍화를 견뎌 삐걱거리는 문을 천천히 열자, 놀랍게도 바로 눈앞에 시퍼런 바다가 펼쳐진다. 대항해시대에는 바로 이곳에 노예선이 정박해 있었을 것이다. 이날따라 날씨가 더없이 맑아 햇살이 이쁘게도 파도에 부서지고 있었다. 열 살이나 되었을까 싶은 아이들이 서핑보드를 타고 있다. 자세히 보니 서핑보드가 아니라 그냥 나무 널빤지였다. 아무것도 입지 않은 천둥벌거숭이 아이들이 그 자체로 평화롭게 노는 모습을 보며, 현재의 평화와 과거의 비극 사이에 존재하는 간격이 너무나 커서 정신이 아득했다.

2) '지옥' 그 자체였던 노예선

흑인 노예들이 탑승했던 노예선은 '지옥' 그 자체였다. 노예들은 철저히 '화물'로 여겨졌고, 이들을 최대한 효율적으로 싣는 방법만 연구하는 전문가까지 있었다고 한다. 150킬로미터 밖에서도 노예선이 접근하고 있다는 것을 알 수 있었는데, 대변과 소변, 토사물과 피가 뒤엉킨 냄새 때문이었다고 한다.

영국 리버풀 노예박물관에 소장된 노예선 '브룩스호'의 내부 단면도를 보면, 조금이라도 더 많은 노예를 싣기 위해 고심했던 흔적이 고스란히 드러난다. 찬찬히 들여다보면 이 한 장의 그림이 주는 충격은 적지 않다.

> 한번 상상해 보세요. 당신은 수심보다 낮아 춥고 축축한 배의 바닥에서 다른 노예들 사이에 끼어 있습니다. 길이는 1.5미터, 폭은 약 28센티미터 정도의 공간에서 사슬에 묶여 있습니다. 이런 상태가 3개월 동안 유지된다고 생각해 보세요. 이건 가장 끔찍한 학대 입니다.
> — 아이반 데이 / 음식 역사학자

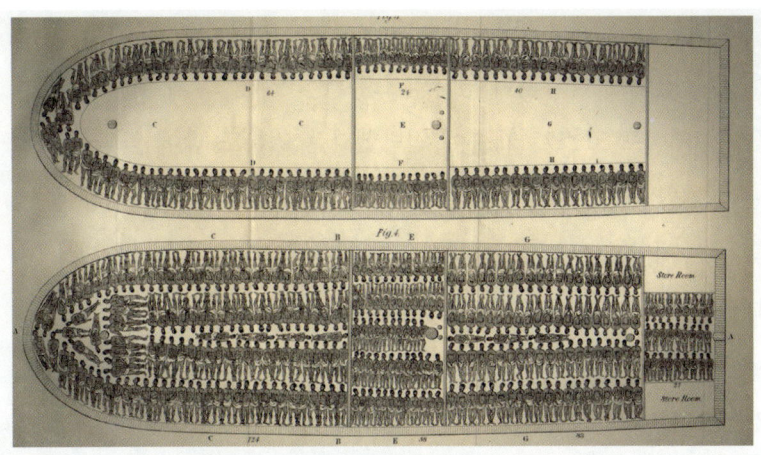

1781년에 만들어진 노예선 '브룩스호'의 내부 단면도

앞에선 본 성공한 노예 에퀴아노도 이런 노예선을 타고 대서양을 건너야 했다. 그는 책에 이렇게 썼다.

> 사람들은 비오듯 땀을 흘렸고 역겨운 악취까지 더해지면서 숨쉬기도 어려운 상태가 됐다. 결국 노예들에게 병이 돌았고 많은 사람이 목숨을 잃었다.

이동하는 과정에서 죽은 노예들은 가차 없이 바다에 던져졌다. 심지어 '살아있는' 노예를 바다에 던져 죽이는 끔찍한 학살이 일어나기도 했다. 바로 그 유명한 종 호 대학살(Zong massacre) 사건이다.

노예선 종(Zong) 호는 원래 네덜란드의 배였으나, 1781년 2월 영국군에게 나포되어 영국의 소유가 되었다. 그 과정에서 방금 본 케이프 코스트 캐슬에 정박했다는 기록도 남아 있다. 같은 해 8월, 종 호는 가나에서 422명의 노예를 싣고 설탕 농장이 있는 자메이카로 출항했는데, 적정 인원의 2배가 넘는 과적 상태였다. 목적지인 자메이카로 가는 도중 항해사의 실수로 항로를 벗어나게 되었고, 이에 식수가 부족해지자 선원들은 살아있는 노예를 바다에 던지기로 결정했다.

　선장과 선원들은 긴 토의 끝에 이런 끔찍한 결정을 내렸다. 가장 큰 이유는 경제적인 것이었다. 즉, 노예들이 배에서 병들어 죽으면 선주의 손실로 처리되지만, 바다에 빠져 죽으면 보험 규정에 따라 보험회사가 보상해 주도록 되어 있었던 것이다. 하지만, 종 호 사건은 보험회사에서 지급을 거절하면서 재판으로 이어졌고, 재판의 변론 과정에서 이 참혹한 진실이 세상에 드러나게 되었다.

　기록에 따르면, 11월 29일에는 여성과 아동 54명이 선창에서 바다로 던져졌다. 12월 1일에는 42명의 남성이 바다에 던져졌고, 그 후 며칠에 걸쳐 36명이 같은 운명을 맞았다. 또 노예 가운데 10명은 선원들의 비인도적 처사에 항의하며 스스로 바다에 몸을 던졌다는 기록도 있다.

　노예제 폐지 운동가인 그랜빌 샤프가 선원들을 살인 혐의로 고발했지만, 법원은 선원들의 행위를 살인이라고 인정하지 않았다. 법적인 처벌이 이루어지지는 않았지만, 이 사건은 대서양 노예 무역의 끔찍한 실상을 알리는 상징적인 사건이 되었다. 이후 종 호 사건은 노예제 폐지 운동이 확산되는 데 큰 영향을 끼쳤다. 결국 영국은 1807년 노예무역을 전면 금지했으며, 1834년에는 노예제도를 완전히 폐지했다.

3. 남아프리카 공화국

'세상의 끝'에서 만난 '설탕 전쟁'

케이프타운 전경

남아프리카 공화국은 명실공히 아프리카에서 가장 잘 사는 나라다. 경제 중심지인 케이프타운은 겉모습만 보면, 유럽의 도시와 크게 다르지 않다. 도시 전체가 깔끔하게 정비되어 있고, 고층 빌딩들이 즐비하며, 항구에는 호화로운 요트들이 늘어서 있다. 세계 어느 도시와 견주어도 손색이 없을 만큼 세련된 풍경이다.

하지만 케이프타운이라는 도시를 찬찬히 돌아보면, 극심한 빈부차를 발견하게 된다. 유명한 빈민가인 '타운십(Township)'에는 같은 도시에 있는 공간이라고 믿기지 않을 정도로 허름한 슬레이트 벽과 양철 지붕으로 지어진 낡고 초라한 집들이 끝도 없이 이어져 있다. 치안도 극악해서 현지 코디는 우리에게 밤에는 절대 돌아다니지 말라고 신신당부를 했다.

'아파르트헤이트(Apartheid)'라는 인종분리정책이 폐지된 지 30년이 지났지만, 남아프리카 공화국에서는 여전히 흑인과 백인 간의 불평등과 부의 편중이 심각하다. 결국 남아프리카 공화국도 지배와 피지배의 역사를 간직하고 있다는 점에서는 아프리카의 다른 지역과 크게 다르지 않다.

아프리카 이야기를 마무리하며, 우리는 이곳에서 중요한 질문을 던져야 했다.

"피지배자로서의 아프리카, 그 참혹한 수탈의 역사는 정말로 지나간 과거일 뿐일까?"

케이프타운의 빈민가인 타운십의 모습

1) 보캅 마을

　케이프타운 중심지에서 언덕을 오르면 파스텔 톤의 다채로운 색이 눈에 띄는 동네를 만나게 된다. 케이프타운 중심지와는 완전히 다른 이색적인 분위기로 관광객들의 발길이 그치지 않는 이곳이 바로 '보캅 마을(Bo-Kaap Village)'이다. 그런데 이 아름다운 마을이 생겨난 배경에는 남아프리카 공화국이 가진 피지배의 역사와 노예들의 애환이 스며 있다.

　보캅 지구가 처음 형성된 것은 대항해시대인 16세기이다. 당시 동아프리카는 영국, 서아프리카는 프랑스, 그리고 남아프리카는 네덜란드 출신 보어(Boer)인들의 지배 아래 있었다. 네덜란드는 남아프리카뿐만 아니라 말레이시아, 인도, 스리랑카, 인도네시아 등 동남아시아 여러 지역에 식민지를 거느리고 있었는데, 바로 그곳에서 수많은 노예들을 이곳으로 끌고 왔다.

이렇게 끌려온 노예들은 하루 종일 케이프타운 중심가에서 노동에 시달리다 일을 마치면 가파른 언덕을 올라 이곳 보캅 마을('Bo-Kaap'이라는 이름 자체가 '언덕 위'를 뜻한다.)에서 지친 몸을 뉘었다. 다시 말해, 남아프리카로 끌려온 노예들이 형성한 일종의 '베드타운'이 바로 보캅 마을이었던 것이다.

1795년, 영국인들이 보어인들을 몰아내면서 보캅 마을의 노예들은 해방되었다. 하지만, 해방 이후에도 이곳은 오랫동안 가난과 차별의 상징으로 남아 있었다. 20세기 초까지 보캅 마을은 허름한 판자집만 빽빽이 들어선 빈민가였다. 아파르트헤이트를 지지하던 백인 정권은 이곳의 주민들을 강제로 이주시켜 마

노예들의 애환이 깃들어 있는 보캅 마을

을 자체를 해체하려 했다.

　1994년, 백인 정권이 무너지고 아파르트헤이트가 종식된 뒤 쫓겨났던 이들이 다시 돌아왔다. 그리고는 다시 집을 짓고, 골목마다 알록달록한 색을 입히며 보캅 마을을 오늘날과 같은 매혹적인 공간으로 탈바꿈시킨 것이다.

2) 테이블 마운틴과 '세상의 끝'

　남아프리카 공화국이 처음 유럽에 알려진 것은 1488년, 포르투갈 선원 바르톨로메우 디아스가 케이프 반도 끝자락에서 희망봉을 발견했을 때였다. 그는 그곳에다 작은 돌 십자가 세 개를 세웠다고 하는데, 지금은 이를 본떠서 만든 거대한 조형물

디아스 크로스의 모습

'디아스 크로스(Dias Cross)'가 희망봉 근처에 있다.

　디아스의 발견 이후 1652년 즈음에는 무역 보급 기지를 건설하기 위해 네덜란드인들이 본격적으로 이주하기 시작했다. 이 네덜란드인들은 스스로를 농민이란 뜻의 '보어(Boer)'라고 불렀고 이들이 현재 남아공 백인들의 선조가 되었다. 이들의 영향을 잘 보여주는 것이 '아프리칸스(Afrikaans)'라는 특이한 언어이다. 원주민 언어와 네덜란드어가 섞여서 만들어진 아프리칸스는 지금도 영어, 네덜란드어와 함께 남아공의 공용어로 사용되고 있다. 앞에서 살펴본 보캅마을의 'Bo-Kaap'이나 남아공의 특산품인 '루이보스(Rooibos)' 차 역시 아프리칸스어에서 비롯된 말이다.

　보어인이 오기 전에도 남아공에는 원주민이 살고 있었다. 대표적인 집단이 줄루족인데, 이들은 여러 부족과 전쟁을 거쳐 19세기에는 나름대로 통일왕조를 이루었다. 하지만, 이 땅을 호시탐탐 노려온 영국인들까지 합세해 19세기 남아공에서는 네덜란드군, 줄루족, 영국군 사이에서 치열한 전투가 벌어지게 되었다. 최후의 승리자는 바로 영국이었다.

　케이프타운의 '캐슬 오브 굿 호프(Castle of Good Hope)'에는 남아공의 역사를 잘 살펴볼 수 있는 박물관이 있다. 네덜란드의 동인도회사가 1666년과 1679년 사이에 지은 캐슬 오브 굿 호프는 전투를 위해 지어진 오각형 모양의 요새로 남아프리카에

군사박물관에 전시되어 있는 테이블 마운틴 배경의 전투 그림들

서 가장 오래된 식민지 시대 건물이다. 한때 남아공의 육군 기지이기도 했던 이곳에는 군사박물관이 있어 원주민들과의 전투, 보어전쟁 등 그 치열하고 참혹했던 역사적 순간들을 다양한 미술 작품을 통해 볼 수 있다. 그곳에서 여러 그림을 둘러보던 중, 대부분의 작품이 테이블 마운틴을 배경으로 하고 있다는 사실을 발견했다. 남아공의 피비린내 나는 역사를 이 거대한 산이 묵묵히 보아왔음을 새삼 느낄 수 있었다.

케이프타운, 나아가 남아공의 상징과도 같은 테이블 마운틴은 그 독특한 모양의 아름다움을 보기 위해 매년 400만 명 이상의 관광객이 방문하는 명소이며, 유네스코 세계문화유산으로 등재되어 있다. 해발고도는 1,086미터로 꽤 높지만, 케이블카를 이용하면 쉽게 정상까지 오를 수 있다. 4~5억 년 전, 바다 속의 거대한 사암 덩어리가 융기하면서 이 지형이 형성되었는데, 다른 곳에서 볼 수 없는 독특한 탁상 모양을 하고 있다. 테이블 마운틴의 정상은 경사가 없는 그야말로 거대한 평지라서 산책하듯 둘러보기도 좋다.

테이블 마운틴의 정상에서는 케이프타운 시내를 한눈에 조망할 수 있는 것은 물론이고, 끝도 없이 펼쳐진 대서양을 바라볼 수 있다. 남아공 최고의 명승지인 이 산은 케이프타운 어디에서나 눈에 띄며, 맑은 날에는 화창한 풍광을, 흐린 날에는 운치 있는 풍경을 각각 선사한다.

테이블 마운틴

희망봉

바르톨로메우 디아즈가 발견한 '희망봉(cape of good hope)' 역시 가보지 않을 수 없었다. 케이프 타운에서 두 시간 남짓 차로 이동해야 하는 희망봉은 사실 아프리카의 최남단이 아니다. 하지만 항해술이 충분히 발달하지 못했던 당시의 선원들은 이곳을 남아공의 최남단, 즉 '세계의 남쪽 끝'이라고 생각했다. 게다가 유럽에서 무려 1만 킬로미터를 항해해야 겨우 도달할 수 있는 장소였기 때문에 그들은 이곳을 희망봉이라고 불렀던 것이다. 실제로는 최남단이 아닐지라도 희망봉에서 망망대해를 바라보고 있자니 '세계의 끝'이라는 표현이 너무도 잘 어울렸다. 대항해시대, 이곳을 바라보며 선원들이 품었을 '희망'과 감사의 마음까지 고스란히 느껴지는 듯했다.

3) 슬레이브 롯지

남아공에도 노예박물관이 있다. 바로 케이프타운 중심지에 있는 '슬레이브 롯지(slave lodge)'가 바로 그곳이다. 1679년에 네덜란드 동인도회사에 의해 지어진 이 건물의 원래 용도는 아프리카, 마다가스카르 등 각지에서 온 노예들을 가둬두는 것이었다. 1811년까지 100년이 넘는 기간 동안 노예 감옥으로 사용

남아공의 노예박물관, 슬레이브 롯지

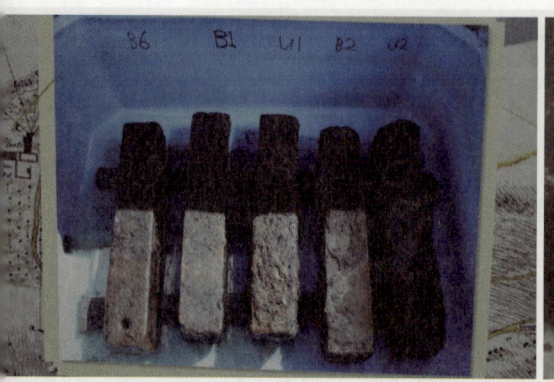 

사우조제 호에서 발굴한 유물과 유물을 발굴하는 장면

되었고, 이후 영국이 케이프타운을 점령하면서 노예들이 해방된 뒤에는 식민지 정부 건물, 법원 등으로 활용되었다. 그러다가 1998년에 이르러서야 노예박물관이 되었다.

슬레이브 롯지의 전시물 중 특히 소개하고 싶은 것은 노예선 사우조제(Sao Jose) 호에 관한 것이다. 사우조제 호는 1794년 12월 27일 동아프리카 모잠비크에서 512명의 노예를 싣고 브라질을 향해 출발한 포르투갈 노예선이다. 출항한 지 얼마 지나지 않아 희망봉 인근 케이프타운 앞바다에서 좌초해 침몰했다.

220여 년이 지난 2015년, 남아공 연구진과 미국 스미소니언 박물관의 전문가들이 케이프타운 앞바다에 좌초한 이 노예선에 대한 발굴을 시도했다. 이 발굴은 해양 고고학의 큰 성과로 평가받는다. 그동안 노예선의 항해는 문헌 기록으로만 남아 있었을 뿐, 실제로 노예선과 관련된 유물이 발견된 적은 없었기 때문이다.

당시 발굴을 통해 사우조제 호의 선체 일부와 구리 못, 도르래, 대포의 포탄, 노예들에게 채운 족쇄 같은 다양한 유물이 발견되었다. 특히, 사우조제 호의 유물 중 철제 밸러스트는 이 배가 노예선이었음을 보여 주는 유력한 증거라고 한다. 인간의 몸무게는 나무나 철보다 가볍기 때문에 노예선의 경우 배의 균형을 맞추기 위해 배의 밑바닥에 반드시 철제 밸러스트를 실어야 했기 때문이다.

사우조제 호에 타고 있던 노예 512명 중 배가 침몰하면서 221명이 목숨을 잃었다. 가까스로 살아남은 이들은 다시 노예로 팔려 가야 했다. 사우조제 호는 당시 아프리카가 참혹한 노예 무역의 피해자였음을 웅변하는 살아있는 증거인 것이다.

4) 설탕세 논쟁과 '아프리카의 비만'문제

'아프리카'와 '비만'이라는 단어는 형용모순처럼 느껴진다. 결코 어울리지 않는 두 단어가 억지로 붙여진 듯한 이질적인 느낌을 준다. 하지만 실제로 아프리카 어느 도시를 가더라도 심각한 비만 상태의 사람들을 쉽게 볼 수 있었다. 그렇다면 아프리카 사람들 스스로는 이를 어떻게 받아들이고 있을까?

설탕세 찬성 집회

남아공은 사하라 사막 이남의 국가들 중에 비만 문제가 가장 심각한 나라입니다. 남아공 여성의 약 70퍼센트가 비만이거나 과체중입니다. 더욱 걱정스러운 것은 아이들의 비만입니다. 현재는 약 10퍼센트 수준이지만, 이 수치가 계속 증가하고 있다는 통계가 있습니다. 과학자와 연구자들은 남아공 비만의 주요 원인이 일상에서 과도하게 섭취하는 설탕 때문이라고 합니다.

― 트레이시 말라와나 / 남아공 시민운동가

시민단체 힐라(Heala)는 아프리카의 비만 문제를 주목하고 설탕이 가진 심각성을 시민들에게 알리기 위해 다양한 캠페인을 펼치고 있다. 나는 케이프타운의 한 마트 앞에서 그들이 개최한 집회에 참석했다. 10여 명의 활동가들이 시민들을 대상으로 피케팅을 하며 외치는 구호는 "우리는 설탕세를 찬성합니다! 탄산음료 대신 물을 선택합시다!"라는 것이다.

'설탕세'라니? 아직 우리나라에 도입되지 않아 다소 생소하지만, 설탕세(Sugar Tax)를 시행하고 있는 나라는 점점 증가하고 있다. 2010년 노르웨이에서 처음 시행된 이래로 프랑스, 영국, 핀란드, 아일랜드, 멕시코, 태국 등지에서 관련 법안 제정 및 추진 움직임이 활발하게 이루어지고 있다. 남아공 정부 역시 2018년 4월 1일, 설탕세를 전격 도입했다. 더 이상 설탕으로 인한 비만 문제를 방관할 수 없다고 판단한 것이다.

남아공의 경우, '설탕세'보다는 '설탕 음료세(sugar sweetened beverage tax)'가 정확한 표현이다. 즉 설탕 자체에 세금을 부과하는 것이 아니라, 코카콜라처럼 설탕이 들어간 음료에 세금을 부과하는 것이기 때문이다. 이는 설탕이 들어간 탄산음료의 가격을 올려 사람들의 소비를 줄이기 위한 제도이다. 코카콜라 1캔을 기준으로 우리 돈 약 71원 정도의 설탕세를 부과해야 한다는 것이 이들의 주장이다.

지난 15년간 남아공의 설탕공장에서는 15,000개의 일자리가 사라졌습니다. 다른 나라에서 수입된 값싼 설탕으로 인해 국내 설탕공장의 일자리가 사라진 것입니다. 상황을 더욱 어렵게 만드는 것은 브라질산 설탕을 들여와 국내 기업이 이를 포장만 해서 판매하는 경우입니다. 이 때문에 일부 소매업자들은 국내산 설탕을 취급한다고 생각하지만, 실제로는 그렇지 않은 것이죠. 설탕의 상표는 국내 기업의 것이지만, 그 내용물인 설탕은 수입산인 것이지요.

미국이나 유럽에서 소비패턴이 바뀌면서 설탕 소비량이 줄어들자, 선진국들은 남아도는 많은 양의 '설탕'을 아프리카로 수출하고 있습니다. 아프리카에서는 지난 25년 동안 탄산음료 섭취량이 폭발적으로 증가했습니다. 아주 뜨거운 시장이 된 것입니다. 미국이나 유럽과 같은 선진국들에게 아프리카는 이제 아주 중요한 '설탕시장'인 셈입니다.

— 매튜 팍스 / 남아공 노동조합회의(COSATU) 소속 활동가

전 세계적으로 볼 때 아직 설탕세를 도입하지 않은 나라가 도입한 나라보다 더 많다. 그럼에도 불구하고 이들이 설탕세 도입을 주장하는 이유는 남아공에서 설탕으로 인해 국민 보건이 심각하게 위협받고 있다고 인식하기 때문이다.

아프리카의 여러 나라는 설탕으로 인한 비만 문제를 겪고 있습니다. 이것은 오늘날 설탕이 지나치게 저렴해졌기 때문입니다. 여기에는 끔찍한 역설이 숨어 있습니다. 그들의 조상은 사탕수수 농장

에서 과로와 학대로 어린 나이에 목숨을 잃었는데, 그 후손들은 이제 값싼 설탕을 과도하게 섭취해 심혈관 질환과 각종 비만성 질환으로 죽어가고 있는 것입니다. 아프리카 사람들이 겪고 있는 이 문제는 정말로 비극적인 역설이라 할 수 있습니다.

– 아이반 데이 / 음식 역사학자

선진국에서 설탕이 건강을 위협받는 '천덕꾸러기'가 되어 소비가 줄어드는 반면, 아프리카에서는 설탕세를 도입할 만큼 설탕 소비가 늘어나고 있다는 것은 참으로 '끔찍한 아이러니'다. 과거 아프리카가 설탕 생산의 식민지였다면, 지금은 설탕 '소비'의 식민지가 되어버린 것은 아닐까? 그 긴 세월 동안의 저항에도 불구하고 결국 형태만 달라진 채 '노예의 삶'이 지속되고 있는 것은 아닐까?

이 의문을 차분히 규명하기 위해서는 실로 만만치 않은 취재와 탐사 저널리즘이 필요하다. 이것은 지금 우리가 하고 있는 프로젝트와는 또 다른 장기 프로젝트가 될 것이다. 지금으로서는 가나 대학 사무엘 교수의 답변으로 갈음할 수밖에 없을 것 같다.

정말 좋은 질문이네요. 서구 사회에서는 설탕 소비가 줄어드는 반면 아시아나 아프리카에서는 왜 증가하는지 말이에요. 과거 노예제도를 탄생시킨 설탕의 소비가 아프리카와 캐러비안 국가에서 증가하고 있다는 것은 사실은, 노예제도가 여전히 다른 형태로 지속되고 있는 것이라고도 생각해 볼 수 있습니다. 오늘날 노예제도는 사라졌지만, 설탕은 여전히 중요한 역할을 하고 있습니다. 설탕은 다시 아프리카로 들어오고, 아프리카의 자본은 다시 밖으로 빠져나갑니다. 그렇게 (서구 선진국의) 경제를 유지시키는 것이지요. 정말 훌륭한 통찰입니다.

— 사무엘 / 가나 대학 아프리카학 교수

[촬영일지]

　해외 촬영에서 돌아온 당일에 바로 다음 여정을 준비하는 이 지옥 같은 일정은 내 생애 이게 마지막이겠지? 그러니까 2019년 5월 22일부터 20일간 이어진 아프리카에서의 촬영을 마치고 한국으로 돌아온 2019년 6월 10일, 나는 부산으로 돌아오는 기차 안에서 다음 여정을 위한 준비를 했다. 쿠바 비자를 신청하려면 일본에 있는 쿠바 대사관을 반드시 직접 방문해야 한다는 사실이 도무지 믿어지지 않았다.

　아무튼 아프리카에서 참 많은 촬영을 했다. 다큐멘터리의 핵심이 되는 아주 중요한 아이템들이다. 노예들의 참상을 생생하게 느낄 수 있는 장소와 유물들, 아프리카의 한(恨)과 저항정신이 담긴 노래와 춤, 처음 보는 부두교 제의, 테이블 마운틴과 희망봉이라는 장엄한 자연……. 아주 인상적이고 강렬한 그림들이다. 하지만 지금 이 순간 가장 생각나는 건 '저녁놀'이다.
　그날도 바쁘게 하루를 보내고 숙소로 돌아가던 길이었을 것이다. 차창 밖으로 보이는 저녁놀이 너무도 아름다웠다. 마치 태어나서 처음으로 저녁놀을 보는 것 같은 기분이었다. 너무 빨갛게 보였다. 한번도 본 적 없는 높은 채도의 빨강 때문에 노을이 생경하게 느껴졌다. 나만 그랬던 것은 아닌 것 같다.
　"선배! 우리…… 찍을까요?"
　사실 이건 매우 드문 일이다. 피곤에 지쳐 숙소로 돌아가는 길에 차를 멈추고 내려서 다시 카메라를 잡는다는 것은 생각만큼 쉬운 일이 아니다. 그렇게 쉽게 요구할 수 있는 것이 아니다. 그런데 촬영팀의 한 선배가 이미 차에서 내려 어느새 촬영 준비를 하고 있었다. 그렇게 우리는 한참을 아프리카의 저녁놀을 바라보았다. 더 묵직한 빨강, 더 넓은 빨강. 더 원시적인 빨강을.

아프리카의 노을

아프리카에서는 힘든 일도 많았다. 어딜 가든 돈을 요구하는 손길이 있었고, '너희는 우리를 찍어서 큰돈을 벌 것이고, 너희에게는 돈이 있으니 무조건 더 받아야 한다.'는 생각이 행동에 묻어났다. 그로 인한 소모적인 논쟁들……. 말라리아와 풍토병에 대한 걱정도 끊이질 않았다.

하지만 나는 저 원시의 빨강을 보기 위해서라도 언젠가 다시 아프리카로 가고 싶다. 케냐 나이로비, 코트디부아르 아비장, 나이지리아 라고스, 남아공 조벅과 케이프타운, 베냉 코토누, 가나 아크라……. 기억하고픈 공항들의 이름이다. 그리고, 오늘은 6월 10일이었다.

제3장

설탕 그리고 '해적'

- 캐러비안

캐러비안의 '해적'들

"젠틀맨, 노예 그리고 해적." 다시 우리의 드라마를 떠올려보자. 영국이 젠틀맨의 무대였다면 아프리카는 노예들의 무대였다. 캐러비안 지역은 바로 '해적'의 주무대이다. 드디어 해적들의 차례가 온 것이다!

우리는 해적을 '실제로' 본 적이 없다. 그런 우리가 해적에 대해 어떤 이미지를 가지고 있다면 그것은 문학작품이나 대중매체의 영향일 것이다. 우리 세대에는 소설 《보물섬》이 그 역할을 했고, 지금은 아마도 영화 《캐러비안의 해적》 시리즈가 그 역할을 대신하고 있을 것이다.

소설 《보물섬》에 나오는 배 이름은 기억이 날지 모르겠지만,

'히스파니올라'이다. 히스파니올라는 캐러비안 중간에 있는 섬의 이름인데, 지금은 아이티와 도미니카 공화국의 영토이다. 영화 《캐러비안의 해적》은 '포트 로열(Port Royal)'이라는 요새에서 첫 장면이 시작되는데, 이 요새는 자메이카에 실제로 있는 성이다. 이처럼 해적과 캐러비안 지역은 밀접한 관련이 있다.

'해적'이 실제 해적뿐 아니라, 지배-피지배의 구도에 저항한 이들의 표상이라는 점은 이미 언급했다. 캐러비안 지역에서는 이런 '저항'의 흔적들을 어디서나 쉽게 찾아볼 수 있다. 탈주 노예들의 마을인 '마룬(Maroon)', 그리고 '카포에이라'와 같은 무술, '레게' 음악, 그리고 혼합주의(싱크레티즘)가 반영된 종교가 그 흔적들이다.

하지만 이 '해적'의 이야기를 시작하기 전에, 다시 '노예' 이야기를 해야 한다. 왜냐하면 아프리카에서 노예선에 실려 대서양을 건넌 이들이 도착한 곳이 바로 여기 캐러비안이기 때문이다. 이곳에는 지금도 지하 감옥은 물론 노예시장이 열리던 광장, 그리고 사탕수수 농장과 설탕공장의 흔적이 고스란히 남아 있다.

1. 브라질

싱크레티즘과 카포에이라에 담긴 노예들의 저항 정신

브라질은 남아메리카에서 가장 큰 나라로, 세계에서 다섯 번째로 면적이 넓다. 인구는 2억 1천만 명이 넘으며, 이는 세계에서 일곱 번째에 해당한다. 과거 포르투갈의 식민지였던 영향으로 오늘날에도 포르투갈어를 사용한다. 현재의 수도는 브라질리아이고, 최대 도시는 상파울루이다.

하지만 우리가 가는 곳은 브라질리아나 상파울루가 아니라 '살바도르(Salvador)'라는 도시이다. 살바도르는 브라질에서 가장 오래된 도시 중 하나로, 1501년 포르투갈인들이 바로 이곳 살바도르를 통해 들어왔다. 이어 1549년에는 토메 데 수자가 초대 브라질 총독으로 부임하면서 살바도르는 포르투갈 식민지의 수도가 되었다.

 포르투갈 식민지 경영의 중심지로 자리잡은 살바도르는 사탕수수 수출과 아프리카 노예무역으로 크게 번창했다. 그러나 브라질 남부에서 금이 발견되면서 경제의 중심이 남부로 이동했고, 1763년에는 수도를 리우데자네이루로 옮겼다. 이어 1822년 9월 7일, 페드루 1세가 즉위하면서 브라질 제국은 포르투갈로부터 독립을 선언했다. 이후 1960년에는 국토의 균형 발전을 위해 내륙에 위치한 브라질리아로 수도를 다시 옮겼다. 결국 살바도르는 화려했던 식민지 시절의 영광을 뒤로하고 지금은 경제와 정치의 중심지로서의 지위를 완전히 잃어버렸다.

1) '검은 로마' 살바도르

 살바도르는 브라질이 설탕과 노예무역의 중심지로 번성하던 시절의 수도였기 때문에 브라질에서의 촬영은 대부분 이곳에서 이뤄졌다. 살바도르는 흔히 '검은 로마'라는 별명으로 불리기도 하는데, 이는 '흑인들의 로마'를 뜻하는 것이다. 살바도르는 사탕수수 재배를 위해 끌려온 아프리카 흑인 노예들이 가장 먼저 도착한 항구 도시였고, 지금도 흑인들이 도시 인구의 80퍼센트 이상을 차지하고 있다. 그래서 살바도르는 브라질에서 아프리카적 특성이 가장 강하게 남아 있는 도시로 손꼽힌다.

'검은 로마'라는 별명을 가진 도시 살바도르의 모습

　사탕수수와 설탕 무역이 세계 경제의 중심이었을 때 살바도르는 세계에서 가장 중요한 도시였고, 그래서 16세기 식민지 브라질의 첫 번째 수도가 되었다. 하지만 오늘날 살바도르는 한없이 낡고 쇠락한 모습이었다. 비유하자면 50층짜리 고층 건물인데, 창문이 다 깨지고 문짝이 흔들리는 그런 느낌이랄까? 한때 '검은 로마'라 불리던 화려한 위상과 지금의 초라한 현실이 공존하는 도시가 바로 살바도르였다.

　하지만 그 폐허 같은 첫인상을 완전히 뒤엎을 만큼 살바도르는 매력이 넘치는 도시이기도 하다. 우선 '엘레바도르 라세르다(Elevador Lacerda, 거대한 엘리베이터)'에 대한 이야기를 하지 않을 수 없다. 살바도르는 지형상 윗동네와 아랫동네로 나뉜 구조

엘레바도르 라세르다라의 모습

를 가지고 있는데, 이 두 곳을 연결하는 역할을 하는 것이 엘레바도르 라세르다이다. 72미터나 되는 높이를 수직으로 오르내리는 이 거대한 엘리베이터는 1869년에서 1873년 사이에 지어진 남미 최초의 엘리베이터이다. 총 4개의 리프트가 있으며, 각각 27명의 승객을 태우고 30초 정도면 위아래 두 마을로의 이동이 가능하다. 비용은 우리 돈으로 100원 정도에 불과하지만, 살바도르를 찾는 관광객이라면 누구나 꼭 한 번은 이용해 보는 명물이다. 실제로 하루 평균 3만 명 이상의 승객들이 이 엘리베이터를 이용한다고 한다.

성프란시스코 성당도 빼놓을 수 없다. 세계에서 가장 아름다운 성당 중 하나로 꼽히는 이 성당은 18세기에 바로크 양식으

아름다운 성프란시스코 성당 광장의 모습

로 지어졌으며, 내부 장식이 황금빛으로 가득해 '황금성당'이라는 별칭으로 불린다. 우리의 주제인 설탕과 직접적인 관련이 없어서 내부를 둘러 보지는 않았지만, 숙소로 오가는 길에 매번 이 성당 앞 광장을 지나쳤다. 그 덕분에 지금도 '살바도르' 하면 가장 먼저 떠오르는 장면이 바로 이곳이다. 특히 촬영 마지막 날에는 공을 들여 타임랩스 기법으로 성당과 광장을 담았고, 그 영상은 프로그램 타이틀과 예고편에 아낌없이 활용했다.

브라질에서 가장 유명한 것 중 하나가 카니발인데, 이곳 살바도르 역시 전 세계에서 손꼽히는 초대형 카니발이 열리는 곳이다. 우리가 이곳을 찾았을 때는 마침 2018년 브라질 월드컵이 한창 진행 중이었다. 다만 살바도르는 치안이 그리 좋은 편이

브라질 월드컵 경기를 관람하는 모습과 미니 카니발을 준비하는 모습

아니어서, 혹시 브라질이 경기에서 진다면 소요나 폭동이 벌어지지 않을까 걱정하기도 했다.

다행히 브라질이 경기에서 승리했고, 그날 밤 도시 곳곳에서는 이를 축하하는 '미니 카니발'이 열렸다. 덕분에 우리는 카니발의 열기를 조금이나마 맛볼 수 있었다. 사실 살바도르에 도착한 첫날부터 '게이 언니'들이 계속 우리에게 부담스런 인사를 건넸는데, 이 미니 카니발이 시작되자 그들은 가장 앞에서 화려한 춤사위를 선보이며 분위기를 이끌었다. 이 외에도 마이클 잭슨이 〈They don't care about us〉라는 곡의 뮤직비디오를 살바도르에서 촬영했는데, 유튜브를 통해 보면 이 도시의 독특한 매력을 더 직접적으로 느낄 수 있을 것이다.

2) 모델로 시장

살바도르에서도 특히 '데 바이아 역사지구'는 의미가 깊은 곳이다. 이곳은 16세기부터 18세기까지 신대륙 최초의 노예시장이자, 남미 최대 규모의 노예시장이 자리했던 곳이다. 엘리베이터를 타고 아랫동네로 내려가면 바닷가에 서 있는 르네상스 양식의 노란색 건물이 눈에 들어오는데, 바로 '모델로 시장(Mercado Modelo)'이다. 이곳은 설탕농장에서 일하기 위해 1,558명의 아프리카 노예들이 처음 도착했던 장소였다.

아프리카 노예들은 '살아있는 지옥'이라 불리는 노예선을 타고 바로 이곳으로 끌려왔다. 모델로 시장의 지하에는 가나의 케이프 코스트 캐슬에서 보았던 지하 감옥과 흡사한 대형 노예

노예들을 물건처럼 거래했던 '모델로 시장'

현재 모델로 시장의 내부 모습

수용소가 있다고 한다. 노예의 입장에서 보면, 가나의 지하 감옥을 나와 노예선에서 지옥 같은 3개월의 항해 끝에 다시 브라질의 지하 감옥에 갇히게 되는 지독한 운명이었던 것이다. 아쉽게도 우리가 방문했던 기간 동안에는 지하 감옥의 출입이 금지되어 있었다. 현지 가이드의 설명에 따르면, 지하 감옥은 건축 구조상 바닷물의 범람이 잦았는데 그때마다 지하 감옥의 노예들은 꼼짝없이 수장되곤 했다고 한다.

  지하 감옥에 있던 노예들은 노예시장이 열리면 모델로 시장 앞 광장에서 물건처럼 거래되었다. 한 가족이 뿔뿔이 흩어져 팔려나가는 경우도 비일비재했다. 카리브해에 정착했던 로버트 로버트슨 목사의 증언에 따르면, 아프리카에서 도착한 노예 가운데 다섯 명 중 두 명은 도착한 그해에 목숨을 잃었다고 한다.

설탕 플랜테이션에서의 삶은 말 그대로 참혹했다. 이를 견디다 못한 노예들은 스스로 목숨을 끊기도 했다. 농장주 윌리엄 벡퍼드의 기록에 따르면, 노예들이 사탕수수 원액이 펄펄 끓고 있는 솥으로 뛰어들거나 나무와 문에 목을 매었으며, 일부는 칼로 절망적인 삶을 끝내려 했다고 한다. 이들이 스스로 목숨을 끊은 이유는 죽으면 영혼만큼은 고향으로 돌아갈 수 있다고 믿었기 때문이다.

모델로 시장의 1층에는 기념품을 파는 가게들이 즐비했고, 모두 관광객들로 붐볐다. 가격도 다른 곳보다 저렴해서 살바도르를 찾는 대부분의 관광객들은 이곳에서 살바도르를 추억하는 물건들을 산다. 팔려나가기 위해 줄지어 도열해 있는 '흑인 인형'들을 보니 과거 이곳에서 물건처럼 거래되었던 흑인들의 운명이 오버랩되어 기분이 묘했다.

3) 노예들의 무술, 카포에이라

화려한 발기술로 유명한 카포에이라는 격투 게임에서 이 무술 캐릭터가 있을 정도이며, 격투기나 무술에 관심이 있는 사람이라면 누구나 아는 브라질을 대표하는 무술이다. 이 카포에이라의 기원에 대해서는 크게 브라질 기원설과 아프리카 기원설

카포에이라를 시연하는 젊은이들

로 나뉘는데, 특히 브라질 기원설은 노예와 관련이 있다.

식민지 상황에서 백인 농장주는 흑인 노예에 비해 수적으로 절대적인 열세였다. 그래서 농장주들은 노예들이 어떤 행태로든 뭉치는 것을 극도로 경계하며 예민하게 반응했다. 심지어 노예들이 모여서 무술을 연마한다는 것은 농장주들의 입장에서 결코 용납될 수 없는 행위였다.

이 때문에 노예들은 자신들의 전통 무술을 마치 춤처럼 보이도록 변형했다. 카포에이라의 기술이 역동적이고 회전이 많은 이유가 바로 춤처럼 보이기 위한 위장 때문이었다. 또한 발기술의 비중이 높은 것도 노예들이 손이 구속된 상태에서도 싸울 수 있도록 발기술을 연마했기 때문이라고 전해진다.

'흑인들의 로마'답게 살바도르 거리 곳곳에는 카포에이라 기술을 선보이는 젊은이들을 쉽게 볼 수 있다. 마치 힙합을 추는 것처럼 리듬을 타다가 화려한 발기술을 선보인다. 이들은 자신들의 무술에 대해서 어떻게 알고 있을까?

카포에이라는 앙골라에서 시작되었습니다. 신께서 노예였던 우리를 해방시키기 위하여 주신 선물이 카포에이라입니다. 카포에이라는 의식이기도 합니다. 저는 어렸을 때부터 카포에이라를 배웠습니다. 조상들로부터 물려받은 재능이죠. 카포에이라는 폭력을 위한 것이 아닙니다. 노예들의 자기 방어를 위한 무술입니다.

– 마이클 / 카포에이라 선수

노예들은 주인들의 눈을 피해 카포에이라를 꾸준히 연마했다. 실제로 여러 차례의 폭동에서 카포에이라는 뛰어난 위력을 발휘했다고 전해진다. 그래서 카포에이라는 식민지 시대 내내 금지되었고, 브라질이 해방된 이후인 1930년대에 이르러서야 체계적인 교육기관이 생겨났다. 지금은 살바도르 시내 곳곳에서 카포에이라를 강습하는 도장을 쉽게 찾아볼 수 있다. 노예들의 저항정신이 담긴 카포에이라는 2014년 유네스코 인류무형문화유산으로 등재되며 그 가치를 인정받았다.

4) 혼합주의(싱크레티즘)

앞서 베냉에서 부두교 이야기를 했다. 부두교는 흑인 노예들과 함께 신대륙으로 전해졌다. 쿠바의 종교 '산테리아(Santería), 브라질의 종교 '칸돔블레(Candomblé)' 등 이름은 다르지만, 그 뿌리는 모두 부두교에서 비롯되었다. 이들 종교는 부두교적 특성과 남미 지역의 신화들, 심지어 가톨릭의 요소까지 모두 혼합되어 있다. 이처럼 이질적인 사상들이 통합된 사조를 '혼합주의(Syncretism)'라고 한다.

이런 혼합주의를 가장 잘 보여주는 곳이 살바도르 펠로링요(Pelourinho) 지역의 '흑인들을 위한 묵주의 성모 교회(Church of Our Lady of the Rosary of the Black People)'이다. 이 성당은

흑인성당의 외부와 내부

흑인 성인상과 미사곡을 연주하는 연주단의 모습

1709년부터 거의 100년에 걸쳐 건축되었는데, 돈이 없고 가난한 흑인들의 힘으로 지은 교회였기 때문에 완공까지 오랜 시간이 걸렸다고 한다. 1888년 브라질의 노예 해방 이전에는 오로지 흑인들만의 교회였고, 해방 이후에도 주로 흑인들이 다니는 교회였기 때문에 유럽의 성당과 전혀 다른 '검은 성당'의 아우라를 엿볼 수 있었다.

우선 눈에 띄는 것은 성당 내부 벽면을 장식하고 있는 성인들의 조각상이 일반적인 가톨릭 성당에서는 보기 힘든 흑인의 모습을 하고 있다는 점이다. 미사 예식도 일반적인 가톨릭과는 달랐다. 한마디로 아프리카의 향기가 물씬 난다. 북을 비롯해 다양한 아프리카 전통악기들이 가톨릭 성가에 절묘하게 어우러졌으며, 찜바우, 아고고와 같은 악기와 칸돔블레 의상까지 함께 사용되고 있었다. 분위기도 달랐다. 경건하고 엄숙한 미사가 아니라 마치 콘서트장에 온 것처럼 열광적인 춤과 노래가 성전을 가득 채웠다.

이처럼 정통 로마 가톨릭 미사에서도 혼합주의의 일면을 엿볼 수 있는 것은 '노예의 역사' 때문이다. 살바도르에 도착한 노예들은 가톨릭으로 개종할 것을 강요받았지만, 이름도 모습도 낯선 이국의 신보다는 고향의 신에게 의지하고 싶어 했다. 그들은 카포에이라에서처럼, 겉으로는 주인의 종교를 받아들인 듯 보였지만, 실제로는 가톨릭과 부두교를 혼합하여 자신들의 신앙을 지켜낸 것이다.

이 성당은 아프리카 전통 악기로 찬양을 합니다. 제설 혼합주의적인 태도죠. 식민지 시절부터 현재까지 아프리카인들은 아프리카 종교의 신들과 가톨릭의 성인들을 동시에 섬깁니다. 가톨릭과 아프리카 종교의 혼합인 셈이죠. 의상부터 음악까지 다 아프리카 문화를 찾을 수 있어요. 예를 들어 찜바우, 아고고와 같은 악기를 사용하고 의상도 칸돔블레 의상 그대로 사용합니다. 그래서 이 성당이 바이아에서 제설 혼합주의를 가장 잘 나타낸다고 자부할 수 있습니다.

보시다시피, 이 성당은 내리막길 끝에 건설됐죠. 당시에는 흑인

살바도르 호수인 디키 두 토로로(Dique do Tororó)에 설치되어 있는 부두교 신의 조각상들

들의 성당이 백인들의 성당보다 높은 곳에 건설되는 게 허락되지 않았어요. 동등해서도 안 되고 무조건 '아래'에 있어야 했어요. 그리고 피아노나 오르간을 사용하지 않습니다. 찜바우나 아타바키 같은 아프리카의 악기를 사용합니다.

브라질에서 아프리카 노예들의 종교인 부두교는 금지됐습니다. 정부가 그들에게 가톨릭을 강요했으니까요. 그들은 겉으로는 예수님께 기도를 했지만, 속으로는 아프리카 종교의 오리샤(Orixá)인 오샬라(Oxalá)에게 빌고 있었습니다. 그래서 혼합주의가 형성된 거죠. 예수님에게 기도를 드리면서 본인의 진짜 종교를 숨기고 있었으니까요. 칸돔블레 의식을 하다가 걸리면 엄격한 처벌을 받았습니다. 가톨릭에서는 그것을 '사술'로 분류했기 때문이죠. 아프리카 노예들은 한마디 불평도 하지 않았지만, 속으로는 계속 원래 종교의 신들을 섬기고 있었어요.

– 비비안나 / 살바도르 역사해설사

백인들은 노예제도를 통해 흑인들의 육체를 지배했고 종교를 통해 그들의 영혼까지 완벽히 지배했다고 믿었을 것이다. 하지만, 아프리카의 정신은 싱크레티즘(Syncretism), 즉 혼합주의라는 방식으로 오늘날까지도 살아 숨 쉬고 있다.

5) 사탕수수로 만든 친환경 연료, 바이오 에탄올

과거 설탕 무역의 중심 국가였던 브라질은 지금도 세계 최대의 설탕 생산국이다. 그런데 설탕과 사탕수수는 브라질에 커다란 숙제를 남겼다. 환경에 대한 관심이 커지면서 브라질은 대기오염 유발국이라는 오명을 쓰고 전 세계의 비난을 받게 된 것이다. 원인은 바로 브라질의 '사탕수수밭 태우기'의 관행 때문이었다.

사탕수수 수확은 생각보다 힘든 작업이다. 사탕수수 잎이 마치 그물처럼 뒤엉켜 있기 때문에 잎을 먼저 태우지 않으면 사람이 밭에 들어가는 것조차 거의 불가능하다. 그래서 사탕수수밭에다 불을 질러 잎을 태우는 전통적인 방식이 관행으로 굳어졌고, 현재까지도 광범위한 지역에서 이어지고 있다.

사실 사탕수수밭 태우기는 수확을 수월하게 하기 위한 일종의 '사전 작업'일 뿐이지만, 엄청난 양의 이산화탄소를 발생시키기 때문에 전 세계의 비난이 쏟아졌다. 이에 브라질 정부는 사탕수수밭을 태우는 것을 금지시키기에 이르렀다.

하지만 21세기에 접어들면서 사탕수수는 공기오염의 주범이라는 과거의 오명을 벗고 있다. 브라질에서는 사탕수수를 이용

브라질의 주유소, 그리고 바이오 에탄올을 '주유'하는 차량

해 '바이오 에탄올'이라는 친환경 연료를 만들었고, 이를 실생활에 이용하고 있기 때문이다. 우리에겐 생소하지만, 사탕수수로 만든 이 연료는 먼 미래의 '대안'이 아니다. 이미 브라질 도심 어디서나 볼 수 있는 보편적 에너지다. 현재 브라질의 차량들 가운데 70퍼센트는 휘발유와 바이오 에탄올 두 가지를 다 사용할 수 있는 '가변형 엔진'을 탑재하고 있다.

실제로 브라질 최대의 경제도시인 상파울루에서 우리가 들렀던 모든 주유소에서 바이오 에탄올을 판매하고 있었다. 그리고 상파울루 시내에서 '현대자동차'를 아주 쉽게 볼 수 있었는데, 놀랍게도 바이오 에탄올을 연료로 사용하는 가변형 엔진을 장착한 자동차를 만든 회사가 바로 우리나라의 현대자동차였기 때문이다. '대기 오염이 심각한 우리나라에서는 왜 이 기술을 활용한 자동차를 볼 수 없는 것일까?', '혹시 우리도 조만간 '설탕으로 가는 자동차'를 타 볼 수 있는 것은 아닐까?'라는 생각이 잠시 머리를 스쳤지만, 의문은 곧바로 정리되었다. 우리가 타고 있는 이 자동차는 남미 시장을 겨냥해 현지화한 모델이라는 것과 함께 설탕으로 가는 자동차, 즉 바이오 에탄올을 사용할 수 있는 자동차는 사탕수수가 지천으로 흔한 브라질이기에 가능한 '적정기술'이라는 가이드의 설명이 이어졌기 때문이다.

지금은 사탕수수를 이용해 바이오 에탄올이라는 친환경 에너지로 기회를 맞고 있지만, 사실 사탕수수를 재배할 수 있는 지역에 위치한 국가들은 거의 대부분 '모노컬처의 비극'을 겪어야 했다. 그리고 그 비극은 크건 작건 지금까지도 영향을 미치고 있다. 브라질 역시 사탕수수 단일경작, 즉 모노컬처로 인해 많은 고통을 겪었지만, 바이오 에탄올의 개발과 같은 친환경 기술을 통해 과거의 아픔을 극복하고 멋있게 비상할 준비를 하고 있다.

2. 쿠바

유기농 협동조합으로 극복한 모노컬처의 비극

　북아메리카 대륙과 남아메리카 대륙 사이에 있는 바다인 카리브해에 자리한 섬나라가 바로 쿠바이다. 쿠바라는 나라에 반해버린 사람이 적지 않다. "아메리카 대륙 최후의 사회주의 국가인 쿠바!", "혁명의 나라!", "열정과 예술의 나라!" 모두 하나같이 사람들을 매혹시키는 문구들이다.

　쿠바에 매혹당했던 이들 중에는 세계적인 작가 헤밍웨이도 빼놓을 수 없다. 낚시광이었던 헤밍웨이가 처음으로 쿠바 땅을 밟은 것은 1928년 낚시 여행이었다. 이후 그는 28년 동안 쿠바에서 생활하며《누구를 위하여 종은 울리나》,《노인과 바다》같은 자신의 대표작들을 집필했다.

헤밍웨이의 흔적이 남아 있는 Bar '라 보데기타'와 모히토

"내 모히토는 라 보데기타, 내 다이키리는 엘 플로리디타(My Mojito in la Bodeguita, My Daiquiri in el Floridita)"

진위 여부가 의심스럽지만, 헤밍웨이가 남겼다고 전해지는 말이다. 이 말 덕분에 칵테일 모히토와 다이키리는 쿠바를 찾는 관광객들에게 큰 인기를 얻었다. 흥미로운 사실은 두 칵테일 모두 '럼'을 기반으로 만들어졌다는 것이다. 이것은 우연이 아니다.

캐러비안의 다른 섬나라와 마찬가지로 쿠바는 사탕수수가 지천에 깔린 '설탕섬'이었다. 그렇게 흔한 사탕수수를 이용해서 만든 술이 바로 럼이다. 럼은 사탕수수로 설탕을 만드는 과정에서 나오는 찌꺼기인 당밀을 발효, 증류해서 만드는 술이다.

그러니 쿠바에서 럼을 기반으로 한 모히토와 같은 칵테일을

헤밍웨이가 남겼다는 말에 등장하는 Bar '엘 플로리디타'와 다이키리

만드는 것이나 카리브해를 중심으로 활동한 해적들이 럼을 즐겨 마셨던 것은 어찌보면 당연한 일이다. 이처럼 사탕수수와 떼려야 뗄 수 없는 역사를 가진 카리브해의 섬나라, 쿠바로 가보자.

1) 하바나클럽 럼 박물관

앞서 일본의 데지마를 설명하면서 말한 바와 같이 박물관은 촬영하기에 좋은 장소는 아니다. 하지만 '하바나클럽 럼 박물관'은 달랐다. 럼의 역사와 럼을 만드는 과정을 한눈에 보기 좋게 정리해 놓았을 뿐만 아니라, 헤밍웨이의 단골 술집에서 이제는 전설적인 바로 알려진 '슬로피 조(Sloppy Joe's)'를 그대로 재현한 멋진 바가 있어서 럼을 즐기기에도 좋은 곳이었다.

　사탕수수의 줄기를 두 나무 기둥 사이에 넣으면 나무기둥이 돌아가면서 압착을 가해 사탕수수 즙이 나오는데, 쿠바에서는 이것을 '과라뽀(Guarapo)'라고 부른다. 이 음료는 박물관 안에서도 판매하고 있지만, 하바나 시내 곳곳에서 아주 저렴한 가격에 맛볼 수 있다. 이 과로뽀를 솥에 넣고 끓이면 액체는 증발하고 설탕 결정체가 지니고 있는 검정색 물질이 나오는데 이것

매력적인 나라 쿠바의 수도인 하바나의 모습

하바나클럽 럼 박물관

 이 럼을 제조하기 위한 기본 재료인 '멜라사(Molasses, 당밀)'이다. 멜라사에 물과 이스트를 섞어 발효하면 알코올 도수 약 6도의 술이 만들어지고, 이를 증류하여 74~78도까지 끌어올린 뒤 오크통에서 숙성시키면 비로소 럼이 된다.

 럼을 만드는 이 모든 과정들을 마치 실제 공장처럼 사실적으로 재현하여 럼 박물관은 보는 재미가 있었다. 그 중에서도 가장 눈길을 끈 것은 1930년대 쿠바의 설탕공장을 극사실주의 기법으로 만든 디오라마 세트였다. 비록 축소 모형이었지만, 실제와 똑같이 만들어진 설탕공장과 럼 공장, 그리고 그 둘레를 달리는 작은 열차까지 정교하게 움직이며 당시의 풍경을 그대로 보여주었다. 1930년대 당시 쿠바에는 150개의 설탕공장과 30

개의 럼 공장이 있었다고 한다.

럼(rum)의 어원은 확실하지 않다. 카리브해의 원주민들이 이 술을 마셔보고 '럼불리언(rumbullion, 소동 혹은 흥분)'이라고 외친 것에서 유래했다는 설과 사탕수수의 라틴어 '사카럼(saccharum)'에서 유래했다는 설이 있다.

럼은 '해적들의 술'로 알려져 있다. 당시에는 음료 보관 기술이 발달하지 못해 물은 금세 상해버렸기 때문에 장기간 항해에는 물을 대신할 음료가 필요했다. 럼은 도수가 높아 쉽게 상하지 않았고, 카리브해에 지천으로 널린 사탕수수 덕분에 제조 비용도 매우 저렴했다. 그래서 럼은 장기 항해에 꼭 맞는 음료로 채택되었고, 자연스레 해적들의 술로 자리 잡게 되었다.

럼 만드는 과정을 재현한 디오라마 세트

해적뿐 아니라 해군들도 럼을 즐겨 마셔 '네이비 스트렝스(Navy Strength)'라는 표준까지 생길 정도였다. 해군들의 럼에 대한 사랑을 보여주는 유명한 일화가 있다. 넬슨 제독은 1805년 트라팔가르 해전을 승리로 이끌었지만, 이 전투에서 전사했다. 부하들은 럼이 담긴 술통에 시신을 넣었다. 부패를 막아 온전히 보존된 상태의 시신을 영국까지 운반하기 위해서였다. 그런데 막상 영국에 도착해서 술통을 열었을 때, 술통 속에는 럼이 한 방울도 남아 있지 않았다. 항해 도중 병사들이 몰래 술을 뽑아 마셨기 때문이었다.

럼은 그다지 품질이 좋지 않은 저렴한 술로 여겨지는데, 이곳 하바나클럽에는 3년 숙성된 대중적인 럼에서부터 15년 숙성시킨 최고급 럼까지 다양한 종류의 럼이 구비되어 있었다. 쿠바 외에도 바베이도스, 하와이 등 설탕과 관련된 나라들은 공통적으로 럼을 만드는 공장을 보유하고 있다. 애주가가 아니어서 맛을 객관적으로 평가하기는 어렵지만, 단맛이 감도는 럼은 위스키보다 훨씬 부담스럽지 않게 즐길 수 있는 술이었다.

2) 모노컬처의 비극과 '특별한 시기(special period)'

세계적인 설탕 산지는 남아메리카의 브라질, 그리고 쿠바처럼 카리브해 연안에 위치한 섬나라인데, 대부분은 중남미 지역에 위치해 있다. 그런데 사실 설탕의 원산지는 중남미가 아니다. 사탕수수의 기원을 인도, 인도네시아, 혹은 뉴기니섬으로 보는 등 학자들 사이에 다양한 의견이 존재하지만, 설탕의 원산지를 중남미라고 주장하는 학자는 없다. 그럼에도 중남미가 세계적인 설탕 산지가 된 이유는 돈이 되는 작물인 사탕수수를 서구 열강들이 자신의 식민지에 강제로 들여와 재배했기 때문이다.

대항해시대의 대표적 설탕 산지는 대략 카나리아 제도에서 브라질로, 그리고 다시 쿠바로 바뀌었다. 맑고 아름다운 울음소리로 유명한 새 카나리아의 원산지이자 '유럽의 하와이'라 불리우는 카나리아 제도에 사탕수수를 보급한 나라는 대항해시대를 열었던 스페인이다. 1493년 콜럼버스가 대서양을 가로지르

쿠바의 사탕수수 기술 연구소

는 항해에 나섰을 때, 그는 카나리아 제도에 있는 사탕수수 전문가를 데려갔다. 이를 통해 아메리카에 사탕수수가 처음 전파된 것이다. 1547년에는 스페인이 쿠바에 사탕수수를 전파했다. 이후 카리브해 연안 전역으로 사탕수수가 빠르게 확산되었고, 대항해시대에 서구 열강의 식민지가 넓어질수록 사탕수수 역시 점점 더 멀리 퍼져 나갔다.

당시 이들 나라들은 모두 서구 열강의 식민지였기 때문에 자신들의 의지와 무관하게 오직 사탕수수 생산을 위한 기지로 전락해 버렸다. 이러한 식민지 농업 형태를 '모노컬처'라고 부르는데, 특정 지역이나 특정 국가의 농업이 오로지 한 가지 작물로만 국한되는 것을 뜻한다. 문제는 이런 극단적이고 기형적인 구조가 곧바로 취약성으로 이어진다는 점이다. 그 작물의 수요가 줄어들기라도 하면 국가 경제 전체가 휘청거릴 수밖에 없고, 기본적인 식료품조차 수입해야 하는 상황에 놓이기 때문에 식량 안보 차원에서도 심각한 문제를 발생시키게 된다. 이처럼 모노컬처의 폐해는 이들 식민지 국가에 오래도록 깊은 상처를 남겼다.

쿠바 역시 모노컬처의 폐해를 피해갈 수 없었다. 한때 쿠바는 세계에서 가장 많은 양의 설탕을 생산하는 나라로 '설탕 산업부'라는 정부 부처가 따로 있을 정도였다. 하지만 미국과 소련이 극단적으로 대립했던 냉전 시대를 거치면서 다른 국가들보다 모노컬처의 부작용을 훨씬 가혹하게 겪어야 했다.

저는 현재 사탕수수 기술 연구소에서 연구 감독으로 일하고 있습니다. 제가 속한 이 연구소는 1964년도에 설립되었는데, 그때는 '설탕 산업부' 소속이었어요. 현재는 아스쿠바(Ascuba)라는 기업에 속해 있습니다. 이 기업은 2012년에 설립되었지요.

한때 쿠바는 세계에서 가장 중요한 설탕 생산지였어요. 쿠바 경제에서 설탕의 역할은 아주 중요했어요. 1960~1970년대는 황금기였고 1980년대까지도 호황이었어요. 거의 매년 700만 톤의 설탕이 생산되었어요. 당시 쿠바의 설탕 제조 기술자들이 한 말이 있었어요. "설탕이 없으면 나라가 없다." 그만큼 설탕 생산이 경제에 큰 역할을 했다는 뜻이에요.

그런데 1960년대에 쿠바 사회주의 혁명이 성공하자 미국이 더이상 쿠바의 설탕을 수입하지 않았어요. 그래서 나라의 경제가 정말 어려워졌죠. 그래도 그때는 소련이 도와줘서 버틸 수 있었어요. 하지만 1990년대에 소련과 사회주의 진영이 붕괴되면서 우리는 모든 걸 잃었죠. 당시 설탕공장이 156개나 있었는데, 그중 거의 3분의 2를 줄여야 했습니다.

— 호세 마리아 메사 로페스 / 농학박사

사탕수수만 재배했던 탓에 먹을 식량조차 구할 수 없었던 고난의 시기를 직접 겪었던 쿠바인들은 이를 '특별한 시기(Special

Period)'라고 부르며 지금도 생생하게 기억하고 있다. 그들에게 남겨진 것은 오로지 사탕수수뿐이었다. 기본적인 생필품조차 구할 수 없었으며, 식량 자급률은 40퍼센트에도 못 미쳐 굶어 죽는 이들이 속출했다. 왜 이들이 이런 어려움을 겪어야 했을까? 쿠바는 원래 사탕수수가 생산되는 곳도 아니었고, 사탕수수만 재배해야 할 아무런 이유도 없었다. 결국 문제의 근원은 대항해시대 서구 열강들이 만든 글로벌 설탕 생산 시스템이었다. 글로벌 설탕 생산 시스템의 폐해가 1990년대까지도 쿠바에 영향을 끼친 것이다.

이 '특별한 시기'를 겪은 이후 쿠바는 다행히도 기초단위협동조합(UPBC)를 중심으로 모노컬처에서 '다품종 소량생산'으로의 전환에 성공했다. 오늘날 쿠바는 전 세계에서 가장 모범적으로 친환경 유기농을 실천하는 국가로 평가받고 있다.

3) 유기농 협동조합으로 모노컬처를 극복한 쿠바

유기농과 쿠바. 다소 낯선 조합처럼 보이지만, 이와 관련한 여러 서적이 쏟아질 만큼 쿠바는 도시농업과 유기농으로 유명하다. 이는 모두 모노컬처의 폐해를 극복하기 위한 노력의 결과다. '특별한 시기'를 겪으며 당장의 먹거리를 확보하기 위해 사람들은 도시의 빈터에 작물을 심기 시작했고, 정부 역시 이를 적

체 게바라의 얼굴이 그려져 있는 UPBC 조합 건물

극적으로 장려했다. 사탕수수만 재배하던 방식에서 벗어나 여러 품종을 동시에 생산하는 협동조합 운동이 확산되었고, 이들 협동조합은 생태적 유기 순환 농업을 의미하는 '오가노포니코(Organoponico)'에도 뛰어들었다.

오늘날 쿠바가 유기농 모범국가로 탈바꿈하는데 근간이 되었던 조직인 'UPBC'를 찾아가 보았다. UPBC란 'Unidad Básica de Producción Cooperativa'의 줄임말로, 영어로는 'Basic Unit of Cooperative Production' 즉 기초단위협동조합으로 풀이 된다.

1993년에 쿠바에 UBPC가 만들어졌어요. UPBC에서 일하는 저희들은 땅 위에 있는 것들의 주인이에요. 토지는 정부 소유지만, 저희에게는 자치권이 있어요. 누가 저한테 묻는다면, 저는 이 방법이 가장 인간적인 방법이라고 답할 거예요. 2년 반마다 이사회 선거가 있어요. 직원들이 이사회 승인 여부를 결정하는 거예요. 당연히 이사회를 교체할 수도 있어요.

현재 저희 UPBC는 349명의 직원이 있어요. 여자는 35명이고 평균 나이는 45세에요. 땅의 면적은 2,330ha입니다. 그중에 사탕수수는 1,230ha, 럼 생산에 90ha를 사용해요. 그리고 가축을 위한 땅은 500ha, 과일은 200ha이고 나머지는 수로입니다.

UPBC의 성공 비결은 다양화에 있어요. 저희는 사탕수수, 고기, 우유, 쌀, 과일, 돼지 등 10개의 농장을 운영하고 있어요. 만약 사탕수수 생산이 잘 안 되면 쌀로 보충할 수 있고, 쌀 생산이 잘 안 되면 고기로 보완할 수 있는 거죠.

저희가 사회주의 진영의 붕괴로 인해 어려움을 겪었던 것은 누구나 아는 사실이에요. 사회주의 진영의 붕괴는 저희에게 큰 영향을 주었어요. 참을 수 없이 힘겨운 시간을 보냈지요. 하지만 우리 쿠바 사람들은 정부와, 우리를 이끌어 준 역사 속 영웅들 덕분에 단일 농법에서 벗어나 다양화 농법으로 전환할 수 있었어요.

— 레이나또 에스피노사 꼬야스 / UPBC 관리자

쿠바에서의 촬영은 정식 촬영 비자를 받아야 했고, 쿠바 국영 방송국 직원이 촬영 일정 내내 도움(어쩌면 감시)을 주었다. 이 농장의 섭외 역시 쿠바 국영 방송국 측에서 도와주었는데, 어쩌면 체제홍보를 위한 농장이었을 수도 있다. 그런 점을 감안하더라도 깨끗하고 정갈한 농장의 풍경, 무려 10개의 농장에서 다양한 작물들을 가꾸어 가는 모습은 참으로 인상적이었다.

사탕수수만 재배하는 모노컬처의 폐해와 그로 인해 생필품마저도 부족했던 '특별한 시기'를 '유기농'이라는 어찌 보면 가장 최신의 농법으로 이겨낸 쿠바의 모습이 멋져 보였다. 모노컬처의 폐해를 누구보다 아프게 겪었기에 그와 정반대되는 전략을 택할 수 있었고, 결국 그것이 성공으로 이어진 이야기이기 때문이다.

4) 쿠바의 종교, 오리샤 박물관

쿠바의 수도 하바나에는 오리샤 박물관이 있다. '오리샤(Orisha)'는 요루바어로 신을 의미한다. 이 박물관은 아프리카 노예들이 믿던 토속 신앙이 가톨릭과 만나 변형된 종교를 보여주는 전시 공간이다. 즉, 브라질편에서 보았던 '혼합주의(싱크레티즘)'의 또 다른 사례를 직접 볼 수 있는 공간인 것이다.

2층 전시장에 도열되어 있는 다양한 신들의 석상을 살펴보면, 강렬한 문양과 색상들이 아프리카의 영향을 고스란히 드러

낸다. 각 신마다 저마다의 깊은 의미가 있다.

'샹고(Chango)'를 저희는 종교의 왕이라고 부릅니다. 음악과 기쁨, 그리고 드럼의 왕이죠. 이 성인은 아프리카의 여러 지역에서 왕이었습니다. 천둥, 번개, 불을 상징합니다. '오슝(Oshun)'은 쿠바의 수호자로 불립니다. 각 나라마다 자신의 수호자가 있습니다. 멕시코의 경우에는 '과달루페(Guadalupe)'인데 우리에게는 오슝입니다. 오슝은 쿠바의 수호자이자 사랑의 신, 모성의 보호자이며, 주인입니다. 그리고 바다의 여왕 '이에만자(Yemanjá)'가 있습니다.

오리샤 박물관 외관과 내부

Q 오리샤 종교를 믿으면서 카톨릭 종교도 믿는 사람도 있나요? 그게 가능하나요?

네, 이 요루바 종교를 믿는 사람들은 교회에 가서 가톨릭 성인에게 기도를 할 수도 있습니다. 하지만 오리샤들은 주로 집에서 예식을 합니다. 이 종교는 '교회'가 없습니다. 이 종교를 믿는 사람들은 성전이 각자의 집 안에 있는 거예요. 그래서 집에서 여러 의식을 치르는 겁니다. 매일 하는 건 아닙니다. 예를 들자면 각 신들의 축제일이 있어요. 당신에게 생일이 있는 것처럼요. 이 종교를 믿는 사람들은 축제일에 집에서 축하합니다. 그리고 사람들이 이 종교를 믿기 시작한 날에는 매년 집에서 축제를 엽니다. 이 종교를 시작하고 싶은 사람이 있으면, 입회식을 하기도 합니다. 쿠바인들의 70퍼센트가 이 종교를 믿습니다.

– 마리아 안토니아 알폰소 / 해설사

오리샤 박물관의 1층에는 공연장이 있어 쿠바-아프리칸 음악을 들을 수 있었다. 악기 연주자, 코러스, 메인보컬까지 7~8명으로 이루어진 이 밴드는 정식 음악 교육을 받지 않았지만, 아버지에게서 아들로 대를 이어 전수되어 오고 있다고 했다. 더욱 놀라운 사실은 이들이 정통 아프리카어로 노래를 부른다는 것이다. 그래서 아프리카에서 온 관광객들은 이들의 공연을 보고 하나 같이 놀란다고 한다.

문외한인 나의 눈에도 아프리카의 영향이 뚜렷했다. 선율과 리듬, 그리고 '아요', '아예'라는 추임새까지 베냉과 가나에서 들었던 음악과 유사했다. 그리고 그들의 춤은 아프리카 베냉에서 보았던 부두교 제의와도 놀랍도록 흡사했다. 부두교 제의에서 3명의 '귀신'이 다채로운 옷을 입고 저마다 특색이 담긴 춤을 추었는데 쿠바에서도 매우 유사한 춤을 추었다. 아프리카의 춤과 거의 비슷했지만, 아주 살짝 다른 점이 흥미로웠다. 원시적인 아프리카 춤에 비해 쿠바의 춤은 조금 더 귀엽고, 한편으로는 세련된 느낌이 있었다.

아프리카와 쿠바, 다시 환기하자면 이 두 곳은 결코 가까운 거리에 있는 것이 아니다. 대서양이라는 망망대해를 사이에 두

오리샤 박물관의 공연 장면

고 대척점에 위치해 있다. 이 머나먼 쿠바의 사람들은 아프리카 언어로 된 노래를 부르고, 아프리카의 정신이 깃든 춤을 추고, 아프리카의 신들을 믿고 있다.

설탕은 이들을 고향과 그리운 가족들에게서 단절시켰지만, 이들은 여전히 아프리카의 정신을 올곧게 지켜가며 승화시키고 있다. 마치 모노컬처를 유기농과 도시농법으로 멋지게 극복한 것처럼 말이다.

[촬영일지]

　쿠바는 카리브해의 대표적인 섬나라이다. 아름다운 해변과 함께 춤과 노래, 모히토나 다이키리 같은 칵테일도 유명하다. 특히 여성들에게 인기가 많은 듯하다. 쿠바를 다녀왔다고 하면 다들 부러워하는 느낌. 그런데 솔직히 말하자면 나는 쿠바가 생각보다 특별하지 않았다.

　물론 모히토나 다이키리는 대단했다. 다이키리로 유명한 '라 플로리디타', 모히토로 유명한 '라 보데기타'를 모두 방문했는데 정말 맛있었다. 가게 분위기는 '라 플로리디타'가 조금 차분한 느낌인 반면, '라 보데기타'는 열광적인 분위기였다. 좁은 가게에서 춤추는 사람들이 어찌나 많은지 작은 칵테일 잔조차 촬영할 공간이 없어서 나중에는 다른 가게를 섭외해 촬영해야 할 정도였다.

　그런데 그게 다 아닌가. 술과 춤, 노래 그 외에 달리 뭐가 있나 하는 심드렁한 기분. 막상 촬영한 그림들을 다시 보면 올드카와 오래된 구 시가지들이 아름답기 그지 없다. 말레콘

쿠바의 매력적인 풍경

해변은 너무나도 낭만적이다. 도대체 나는 왜 삐뚤어진 것일까?

아마도 쿠바 촬영 비자를 받으러 일본에까지 가야 했기 때문일 것이다. 처음 그 소식을 들었을 때 믿기지 않았다. '아니 고작 촬영 비자를 받으러 다른 나라에까지 가야 한다고? 출장계획서를 내고, 비행기를 타고?' 그런데 어쩔 도리가 없었다. 마음을 진정시키고 좋은 마음으로 도쿄의 쿠바대사관을 갔는데 거기서 또 마음이 무너졌다. 모든 게 다 정리되어 있어서 사인하고 비자를 받아오기만 하면 된다고 들은 것과 달리 대사관 직원의 반응은 한마디로 금시초문! 중간에서 조율하는 역할을 한 코디에게 정색하면서 화를 냈던 기억이 난다.

그렇게 어렵게 촬영 비자를 받았음에도 촬영 내내 쿠바 현지 방송국 직원과 함께 다녀야 했다. 그분의 감시, 혹은 후견인 역할이 있어야만 촬영이 가능했기 때문이다. 물론 결코 공짜가 아니었다. 게다가 쿠바에 입국할 때는 공항에서 드론을 빼앗기기도 했다. 다행히 출국할 때 다시 돌려받았지만, 보관료 명목으로 상당한 금액을 지불해야 했다. 이러니 쿠바가 좋을 리 있겠는가?! 아래 일기를 보면 그때의 심정을 다시 느끼게 된다.

2019년 6월 20일 쿠바 도착.

젠장. 도착하자마자 환전으로 30만 원을 날려먹었다. 분명 내 실수다. 하지만 나를 탓하고 싶지도 않다. 그렇게 장시간 비행에 시달리고, 길고 긴 줄을 서서 기다리고 머리가 제대로 돌아가지 않았다. 하지만 쿠바란 나라가 이상한 거다. 환전 수수료로 10퍼센트를 떼어 가다니!

출발 전부터 속이 안 좋았다. 체한 것 같았다가 비행기에서는 괜찮았다가 또 체한 것 같은 느낌의 반복이었다. 처음 타 본 에어프랑스 비행기는 겉은 번지르했지만, 좌석이 무지하게 좁았다. 비행기 안에서 힘들었다. 머리도 아팠다. 비행기를 타기 전 아버지 건강이 안 좋아지셨는데 그 걱정 때문인 걸까?

2019년 6월 22일 쿠바 첫 촬영을 마치고.

사례비를 받지 않는 최초의 출연자를 만났다! 아프리카에서는 상상도 할 수 없는 일. 이것이 쿠바 사회주의의 자존심인가?! 하지만 그 좋다는 쿠바의 매력은 아직 모르겠다. 꿈을 꾸었다. 지진. 떠내려가는 신발 한 짝. 어찌나 안 잡히는지. 그 안타까움과 간절함을 기억하자.

2019년 6월 27일 브라질로 이동하며

쿠바에 있는 동안 영 글을 못 썼네. 사실 쿠바는 지겨웠다. 무더위. 늘 똑같은 다이키리, 모히토……. 결국 쿠바의 매력은 '사람'이었던 것 같다. 오믈렛 만들어 주던 아가씨, 호텔 로비의 직원, 벤치에서 옆에 앉길래 가방을 내려주려 했더니 어깨를 툭 치면서 괜찮다고 하면서 싱긋 웃던 그 미소, 그 미소는 참으로 훌륭했다.

모히토로 유명한 술집 '라 보데기타' 앞에는 '명물' 할아버지가 있다. 하루 종일 차려입고, 시가를 들고 관광객들과 사진 찍는 것으로 소일한다. 이제는 해외잡지에도 나올 만큼 유명해진 쿠바 할

아버지다. 그분도 촬영에 응하면서 사례비를 받지 않았다. 천만 불짜리 미소와 함께!

쿠바까지는 멀기도 멀다. 일정표를 보면 부산에서 출발해 인천공항 근처에서 하루를 묵고, 다음 날 오전 9시 5분에 파리로 가는 비행기를 탔다. 12시간 비행 끝에 2시간 대기를 하고, 다시 10시간이 걸려 쿠바 하바나 공항에 도착했다. 돌아올 때는 더 끔찍했다. 돈을 아끼기 위해 쿠바와 브라질 촬영을 한 번에 하느라, 브라질 살바도르에서 상파울루까지 2시간 반, 상파울루에서 네덜란드 암스테르담까지 11시간 반, 암스테르담에서 9시간 대기 후 인천공항까지 10시간 반, 그리고 다시 부산으로……. 즉, 돌아오는 데만 3일이 걸리는 여정이었다. 중남미는 막상 가면 정말 좋은 그림을 얻을 수 있지만, 다시 갈 엄두가 나지 않는 곳이기도 하다.

'라 보데기타' 앞에서 포즈를 취하고 있는 할아버지

3. 바베이도스

노예제의 유산 청산을 위한 설탕소송

카리브해 연안의 작은 섬나라, 바베이도스! 지도를 보면 쿠바 밑에 자메이카가 있고 그 오른쪽에 히스파니올라섬(아이티와 도미니카공화국)이 있다. 다시 그 오른쪽으로 작은 섬들이 여러 개 띄엄띄엄 놓여 있는데 그 섬들 중에서 가장 오른쪽에 위치한 섬이 바로 바베이도스이다. 인구는 28만 명, 면적은 430제곱킬로미터에 불과해 제주도의 1/4 정도의 크기다. 우리에게는 생소한 나라지만, 영국 런던에서 직항 비행기가 있을 만큼 유럽에서는 매우 인기 있는 휴양지다. 가수 리한나의 고국이기도 하며, 포세이돈의 삼지창이 들어간 국기가 이색적이다.

바베이도스는 자메이카 촬영을 마치고 바로 넘어간 터라 여러모로 자메이카와 비교되었다. 자메이카의 수도 킹스턴이 치안이 좋지 않아 늘 긴장하며 다녀야 했던 것과 달리 바베이도스는 휴양지답게 매우 안전하고 깨끗했다.

바베이도스에서 사탕수수를 재배하기 시작한 것은 1727년이다. 이 땅을 식민지로 만든 영국이 사탕수수를 심기 시작하면서 열대 원시림은 사라지고 바베이도스는 사탕수수 섬으로 변하고 말았다. 지금도 바베이도스에서는 광활한 사탕수수밭을 쉽게 볼 수 있다. 사탕수수밭 옆에 있는 대저택들도 눈에 띈다. 18세기, 바베이도스 전체가 사탕수수로 뒤덮여가던 시절에 플랜테이션을 소유했던 농장주들이 지은 건물들이다.

결과적으로 바베이도스에서 3박4일의 비교적 짧은 일정을 보냈지만, 사탕수수밭, 설탕공장, 플랜테이션 대저택 등 반드시 담아야 할 그림들을 알차게 촬영할 수 있었다.

1) 드디어 설탕공장을 만나다

설탕과 관련해서 바베이도스라는 나라를 찾게 된 것은 영국의 음식 역사학자 아이반 데이 덕분이었다. 그는 긴 인터뷰 말미에 바베이도스에 가면 원형을 거의 그대로 보존하고 있는 설탕공장이 있다는 사실을 알려 주었다. 이것은 매우 중요한 정보였다. 왜냐하면 설탕을 주제로 10개국을 돌아다녔지만 정작 원

모건 루이스 설탕공장 전경

형이 제대로 보존된 설탕공장을 촬영할 수 없었기 때문이다.

웬만한 나라의 설탕공장은 이미 현대화되어 있었다. 예를 들어, 인천에 위치한 제일제당 설탕공장을 찾아가 하루 종일 촬영했지만, 이미 모든 작업이 자동화되어 있어서 사실상 컴퓨터 모니터와 거대한 드럼통을 찍는 기분이 들었다. 설탕의 '결정화 과정'이란 게 직관적으로 이해가 되지 않을뿐더러 그림도 재미가 없었다. 쿠바와 하와이에서도 상황은 다르지 않았다. 그러나

이 작은 섬 바베이도스에는 원형 그대로의 설탕공장이 남아 있었던 것이다.

외관만으로 봤을 때, 가장 인상적인 곳은 모건 루이스 설탕공장(Morgan Lewis Sugar Mill)이었다. 1674년 바베이도스 역사에 처음으로 등장한 모건 루이스 가문은 한때 168명의 흑인 노예들이 일했던 사탕수수 플랜테이션을 소유했는데, 사탕수수 농장 바로 옆에 설탕공장을 세웠다. 당시 설탕공장의 가장 핵심적인 시설은 풍차였다.

바베이도스에서 설탕 산업이 가장 활발했던 1670년 경에는 무려 500쌍의 풍차들이 돌아갔다고 하니 하늘에서 보면 그야말로 장관이었을 것이다. 18세기 산업혁명으로 증기 압착기가 확산된 이후에도 풍차는 살아남아 제1차 세계대전 직전까지 219개 사탕수수 농장이 풍력으로 가동되었다고 한다.*

망망대해가 내려다보이는 언덕에 세워진 루이스 모건 설탕공장에는 캐러비안 지역에서 가장 크고, 유일하게 원형 그대로 남아 있는 풍차가 있어 실로 기막힌 풍경이었다. 하지만 설탕공장의 내부는 폐쇄되어 있었기 때문에 설탕공장의 내부를 촬영하기 위해 우리는 다른 공장을 찾아야 했다.

그렇게 해서 어렵게 발견한 곳이 바로 세인트 니콜라스 애비

---

* 윌버 보스마 (조행복 옮김), 《설탕》, 책과 함께, 2024, P. 88.

설탕공장(St Nicholas Abbey Sugar Mill)이었다. 이 설탕공장은 무려 350년의 역사를 간직한 곳이다. 풍차의 날개는 모두 파괴되어 사라졌지만, 날개를 지지하던 벽돌탑은 여전히 남아 있었고 설탕공장의 내부는 거의 원형 그대로 보존되어 있었다. 그리고 공장 바로 옆에 아름다운 대저택이 있어 함께 촬영할 수 있었다. 오랜 역사를 지닌 만큼 주인이 여러 차례 바뀌었는데 이 저택을 소유했던 사람들 중에는 드라마 《셜록》과 영화 《닥터 스트레인지》로 우리에게 친숙한 배우 베네딕트 컴버배치의 가문도 포함되어 있었다.

니콜라스 애비는 영국이 바베이도스에 처음으로 도착한 지 불과 23년 후에 지어진 유산입니다. 1650년대에 지어졌죠. 11~12년 전 저희가 구입하기 전까지 이곳은 영국의 소유물이었습니다. 제 남편과 저는 바베이도스 사람입니다. 저희는 이곳을 유지하고 복원해야 된다고 생각했습니다. 골프장이나 컨트리클럽 같은 곳이 되어버리는 것 대신 역사적 유산이라는 의미를 살릴 수 있도록 말이죠. 우리는 사탕수수를 수확하고, 1890년에 만들어진 오래된 증기 분쇄기를 이용해서 사탕수수를 압착합니다. 이 증기 분쇄기는 약 70년 동안 사용되지 않은 채로 있었습니다. 이것을 다시 작동할 수 있게 만드는 데까지 대략 1년이 걸렸습니다. 우리는 사탕수수를 압착해서 나온 즙을 살균 처리해서 시럽으로 만듭니다. 그리고 그것

세인트 니콜라스 애비의 전경, 그리고 설탕공장의 모습

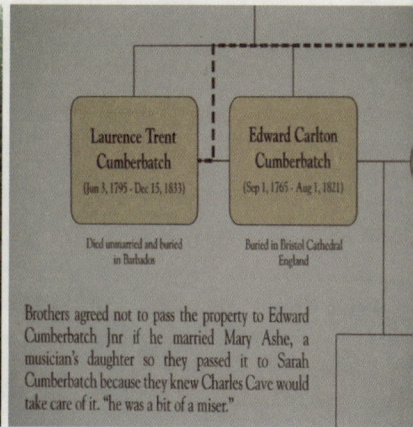

세인트 니콜라스 애비 대저택과 컴버배치의 가문에 대한 기록

을 정화하고 증류시켜서 럼을 만들죠. 이 럼이 니콜라스 애비를 복원하는 데 경제적으로 많은 도움이 되었습니다.

이곳을 소유했던 사람들 중에는 꽤 유명한 사람들이 있습니다. 대표적인 인물이 존 게이 앨런 경인데요. 전 세계적으로 럼 애호가들의 사랑을 받는 '마운트 게이 럼(Mount Gay Rum)'은 그의 이름을 따서 지은 것이죠. 그리고 컴버배치 가문이 있습니다. 현재 세계적인 배우가 된 베네딕트 컴버배치는 이 가문의 후손이죠. 이렇듯 이 농장에는 매우 흥미로운 역사들이 있습니다.

— 안나 워렌 / 세인트 니콜라스 애비의 주인

우리는 하루 동안 이 설탕공장을 온전히 빌려 설탕이 만들어지는 전 과정을 순서대로 찍어보았다. 가장 먼저 인근의 사탕수수밭에서 사탕수수를 수확한다. 일단 수확한 사탕수수는 빠른 시간 안에 즙을 내야하므로 설탕공장까지 지체 없이 이동해야 한다. 길이가 4m에 달하는 거대한 사탕수수를 옮기는 것은 쉬운 일이 아니다. 사탕수수는 외형이 대나무와 비슷해서 가볍다고 생각하기 쉽지만, 속에 수분이 많기 때문에 굉장히 무겁다. 이렇게 운반된 사탕수수는 일정 크기로 자른 후 거대한 압착기에 넣어 즙을 낸다. 과거 노예들은 맷돌처럼 생긴 압착기를 손으로 밀어서 돌려야 했다. 두 마리 황소가 압착기를 돌리기도 했고, 앞서 본 것처럼 풍차의 힘을 이용하기도 했으며, 이후에는

윌리엄 클라크의 그림 《안티구아의 열 가지 풍경(Ten Views of Antigua)》 중에서 사탕수수를 수확하는 장면

윌리엄 클라크의 그림 《안티구아의 열 가지 풍경(Ten Views of Antigua)》 중에서 수확한 사탕수수를 운반하는 장면

증기기관을 활용했다.

다음 공정은 이 즙을 끓여서 정제하는 과정이다. 순수한 설탕을 얻기 위해서는 여러 번에 걸친 정제 과정이 필요했는데, 이를 위해 설탕공장에서는 하루 종일 불을 끄지 않고 사탕수수의 즙을 끓였다. 이 모든 과정을 거쳐서 얻은 순수한 액체를 굳히면, 비로소 우리가 아는 설탕이 된다.

설탕을 만드는 과정 하나하나마다 노예들의 참상이 얽혀 있다. 예를 들면, 자주 일어나는 사고 중 하나가 압착기에 흑인 노예들의 손이 빨려 들어가는 것이었다. 그럴 경우, 압착기를 멈추

윌리엄 클라크의 그림 《안티구아의 열 가지 풍경(Ten Views of Antigua)》 중에서 설탕을 만들기 위해 정제하는 장면

기보다는 칼을 든 인원을 배치해서 바로 팔을 잘라버렸다고 한다. 뿐만 아니라, 설탕을 정제하는 과정 중에는 힘든 노동에 지친 노예들이 끓는 설탕 속으로 뛰어들어 자살하거나, 졸다가 빠져 죽는 일도 비일비재했다고 한다.

설탕공장에서 일하는 노예들의 참상을 살펴보면, 설탕이 만들어지기까지 일련의 과정이 얼마나 고도로 규율화된 집단 노동을 필요로 했는지 알 수 있다. 수확, 운반, 압착, 정제로 이어지는 모든 과정이 순서대로, 그리고 이어져야 했기 때문이다. 그래서 일부의 학자들은 '근대적 공장'의 시작을 설탕 플랜테이션으로 보기도 한다.*

하지만, 설탕 플랜테이션이 근대적 공장과 다른 점은 일꾼들에게 임금을 줄 필요가 없었다는 것이다. 바로 이 점이 식민지의 설탕 산업이 막대한 이윤을 올릴 수 있었던 이유이기도 했다. 노예 한 명을 사기 위해서는 20파운드를 지불해야 했지만, 일단 구입하면 그 노예는 죽을 때까지 주인의 소유였다. 일을 시키는 데 추가 비용이 들지 않았고, 그들에게 밥을 제공할 필요도 없었다. 그저 작은 땅을 주고 노예와 그 가족들이 먹을 것을 직접 기르게 했기 때문이다.

상대적으로 자비로운 농장주도 있었지만, 대부분의 농장주들은 잔혹했다. 거기엔 이유가 있었다. 흑인 노예들이 백인들보다 수적으로 훨씬 많았기 때문이다. 실제로 바베이도스의 경우, 처음으로 노예들이 들어온 지 10년이 지났을 때 흑인 노예의 수는 백인의 2배가 되었다고 한다. 그리고 그로부터 100년이 지난 후에는 흑인 노예의 수가 백인의 4배를 넘어섰다고 한다. 이런 상황에서 농장주들은 노예들에게 살해당하지 않기 위해 자신의 집을 요새화했다. 주인들이 노예들에게 살해당하는 경우가 종종 있었고, 때로는 대규모 반란이 일어났지만, 대부분은 실패로 끝났다. 농장주들에게는 총을 비롯한 무기들이 있었기

---

* 가와기타 미노루(장미화 옮김),《설탕의 세계사》, 검둥소(2003), 55p

때문이다.

《약물에 대한 완전한 역사(A Compleat History Of Druggs)》라는 책은 1748년에 프랑스인 피에르 포메에 의해서 처음으로 쓰여졌습니다. 제가 가지고 있는 이 책은 영어로 번역된 것입니다. 이 책을 보면 사탕수수가 언급된 부분이 있는데, 놀라운 사실은 사탕수수 그림과 함께 '설탕 농장'에 대한 훌륭한 삽화가 있다는 것입니다.

이 그림에는 기계를 돌리고 있는 두 마리의 황소와 그 뒤에 앉아서 황소를 부리는 노예가 나와 있습니다. 그리고 이 그림에서는 압착기가 어떻게 작동해서 사탕수수의 즙을 짜는지도 볼 수 있습니

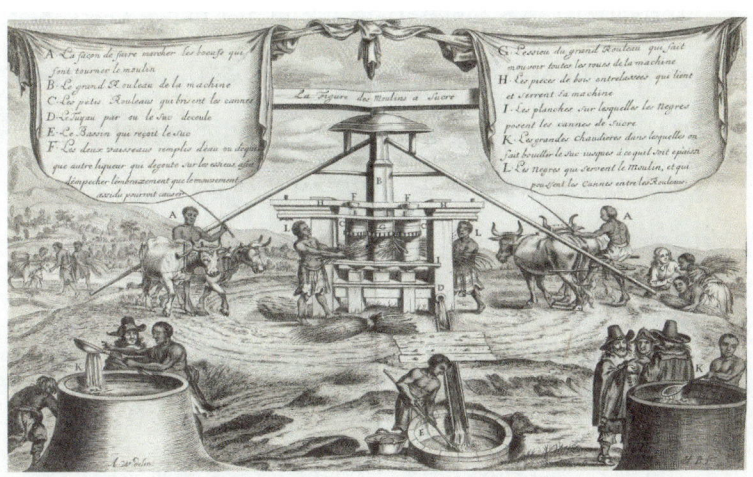

《약물에 대한 완전한 역사》에 실려 있는 삽화

제3장 • 설탕 그리고 '해적' 193

다. 두 명의 노예가 각각 다른 방향에 서서 압착기에 사탕수수를 넣고 있습니다.

이건 매우 위험한 과정입니다. 그리고 여기서 만들어진 사탕수수 엑기스는 관을 따라 한곳으로 모아집니다. 이렇게 모은 엑기스를 불에 달궈진 용기로 옮기면, 뜨거운 버너를 이용해서 설탕을 정제하는 것입니다. 그림의 왼쪽 끝에는 사탕수수가 자라는 밭에서 일하는 노예의 모습을, 그리고 오른쪽 끝에는 사탕수수 줄기를 정리하는 노예의 모습을 볼 수 있습니다. 이렇게 모은 사탕수수 줄기를 노예들이 압착기에 넣고 있는 것이 이 그림입니다. 그러니까 이 그림에서 우리는 사탕수수를 정제하는 모든 과정을 볼 수 있습니다.

보시다시피 사탕수수 압착기는 주로 언덕 위에 만들었습니다. 중력을 이용하면 사탕수수 엑기스를 설탕을 정제하는 용기가 있는 곳까지 쉽게 옮길 수 있었기 때문일 겁니다. 그리고 이 책의 흥미로운 점은 설탕 농장에서 일어날 수 있는 사건 사고에 대해서 자세히 기록했다는 것입니다. 예를 들면, 노예의 팔이 압착기로 딸려 들어갔을 때 몸이 완전히 딸려 들어가는 것을 막기 위해 팔을 잘랐다는 것이 기록되어 있습니다. 이 외에도 많은 위험이 있었다고 기록되어 있습니다.

그리고 이 책의 저자가 프랑스인이라는 사실을 통해 유추해 보면, 이 삽화의 무대는 아마도 프랑스의 식민지였던 마르티니크 섬이었을 겁니다.

― 아이반 데이 / 음식 역사학자

2) 카리브해의 '설탕소송'

　바베이도스의 대농장과 설탕공장을 소유한 '젠틀맨'들은 영국과 아프리카, 카리브해를 잇는 삼각무역을 통해 막대한 부를 쌓았으며, 이는 영국 산업혁명의 기틀이 되었다. 그런데 21세기에 접어들면서 당시 이들이 설탕 무역으로 축적한 부의 정당성에 의문을 제기하며 배상을 요구하는 움직임이 나타났다. 이른바 '설탕소송'이라 불리는 카리브해 국가들의 손해 배상 청구소송이 시작된 것이다.

　'설탕의 제국들'을 향해 배상을 요구하는 소송을 제기한 이들은 '카리콤(CARICOM)', 즉 카리브해 연안 15개국으로 구성된 카리브 공동체(Caribbean Community)이다. 여기에는 아이티, 도미니카공화국, 자메이카 등 노예무역으로 엄청난 피해를 입었던 주요 국가들이 모두 포함되어 있다. 피고는 노예무역으로 엄청난 부를 축적했던 서구의 국가들, 즉 영국, 프랑스, 포르투갈, 스페인, 네덜란드이다. 카리콤은 10년 이상의 준비기간을 거쳐 2014년 국제사법재판소에 제소했다.

　'설탕섬' 바베이도스의 역사를 고려하면, 바베이도스가 배상

논의의 중심에 있는 것은 결코 놀라운 일이 아니다. 바베이도스 출신의 역사학자이자 서인도제도대학교(University of the West Indies)의 부총장인 힐러리 베클스 교수는 2013년 카리콤 배상위원회의 초대 의장이 되었다.

배상위원회는 회의를 거쳐 10개 항목의 요구사항을 정리했다. 총액 330억 달러에 달하는 배상금과 함께 과거 발생한 일에 대한 공식 사과, 원주민을 위한 심리적 재활 프로그램, 기술 이전, 부채 탕감 등을 요구했다.*

이 소송은 영국의 법무법인 리데이에서 대리하고 있는데, 이들은 1950년대 일어난 '마우마우 봉기', 즉 케냐의 독립투쟁 과정에서 케냐인들이 영국에 의해 잔혹하게 살해된 사건을 맡아 1,786만 달러라는 거액의 합의금을 받아내었다. 거의 70년 전에 일어난 역사적 사건에 대해 승소한 것이다. 이 소식을 듣고 카리콤 중 한 나라인 세인트 빈센트 그라나딘의 총리가 리데이 법무법인을 찾아가면서 설탕소송이 본격적으로 시작되었다.

지난 20~30년간 과거사에 대한 소송이 많아졌다는 것을 알 수 있습니다. 예를 들어, 2차세계대전 당시 감옥생활을 했던 미국인이 1980년대에 와서 일본 정부를 상대로 피해보상을 청구하는 일이

---

* 이 10가지 항목은 https://caricom.org/caricom-ten-point-plan-for-reparatory-justice/ 를 참조.

있었습니다. 유태인 학살에서 살아남은 생존자가 독일 정부로부터 보상을 받은 적도 있었습니다. 우리 회사 역시 2차세계대전 이후에 케냐에서 있었던 '마우마우 사건'에 대한 소송에서 승소했습니다.

이러한 사건들은 50~60년 전의 일이고 노예무역의 경우는 2~3세기 전의 일입니다. 그러니 물론 시간의 차이가 있긴 하죠. 그러나 그 근본은 같습니다. 카리브 제도의 국가들에 있어서 노예문제는 매우 중대한 사건입니다. 18~19세기의 산업혁명은 카리브 제도 전역에서 노예무역을 통해 축적한 자본을 동력으로 했다는 것에 대한 많은 역사적 증거들이 있습니다. 그래서 카리브 사람들은 노예무역 문제가 그 당시의 문제로 끝난 것이 아니라 오늘날까지도 이어지고 있으며, 그들이 자신의 몫이어야 할 부를 잃었다면서 이 문제에 대해 매우 강하게 항의하고 있는 것입니다.

— 마틴 데이 / 리데이 법무법인 수석변호사

이들이 설탕소송을 시작할 것이라는 기사가 보도된 것이 2013년의 일이었고, 우리가 법무법인 관계자를 만나 인터뷰를 한 것은 2017년의 일이었다. 이 소송은 그 뒤 어떻게 되었을까? 안타깝게도 2023년의 기사에서도 소송은 여전히 진행 중이라고만 나와 있다.

배상위원회는 배상과 함께 공식적인 사과도 요구했다. 네덜란드 국왕은 자국이 저지른 노예무역에 대해 공식 사과했지만, 영국 정부는 아직까지도 공식적으로 사과하지 않고 있다. 2021년 바베이도스를 방문했던 영국의 찰스 국왕은 영국의 노예무역 개입을 "우리 과거의 가장 어두운 시절"이라고 표현하는 정도로만 그쳤던 것이다.

설탕과 노예들이 거래되었던 대항해시대로부터 300여 년이 지났지만, 설탕과 노예의 문제는 아직도 끝나지 않았다. 단순히 역사책의 한 페이지에 기록되어 있는 사건이 아니라, 설탕과 노예무역이 카리브해 국가들에 남긴 상처는 여전히 현재 진행형이기 때문이다.

4. 자메이카

해적 그리고 '저항의 노래'

자메이카 역시 여느 카리브해 국가들처럼 사탕수수의 나라다. 1494년 콜럼버스가 신대륙을 발견한 이래 자메이카는 스페인과 영국이 번갈아 지배하면서 설탕 생산의 중심지, 그리고 노예무역의 중심지가 되었다.

또한 자메이카는 '해적'의 나라이기도 하다. 수많은 소설과 영화에 등장하는 그 유명한 해적들의 도시 포트 로열(Port Royal)이 있는 곳 역시 자메이카이다. 이 책에서 나는 '해적'을 실제 해적뿐 아니라 하나의 비유로서 그 의미를 확장하고자 했다. 즉, 지배-피지배, 젠틀맨-노예로 이루어진 당대의 지배질서에 저항하는 이들 모두를 '해적'이라고 부른 것이다. 이런 저항정신을 보여주는 가장 좋은 사례가 바로 자메이카의 마룬(Maroon)이다. 그들은 지배구조에 불만을 가지고 탈주한 노예들이었지만, 비밀 군사조직을 만들어서 영국군과의 전투에서 승리한 기록을 남겼다.

이런 저항정신은 다채로운 문화로 승화되었다. 아프리카와 쿠바에서 접한 노래와 춤도 그렇지만 대중적으로 가장 널리 알려진 것이 바로 자메이카의 상징이 된 레게 뮤직이다. 자메이카의 수도 킹스턴에는 가수 밥 말리가 살던 집을 개조해 만든 레게 박물관이 있다.

1) 해적과 환락의 섬 - 포트 로열

영화 《캐러비안의 해적》에서 나오는 것처럼 유독 카리브해에 해적이 많았던 것도, 그리고 해적들이 '럼'을 즐겨 마셨던 것도 모두 설탕 때문임을 쿠바 편에서 설명했다. 그 외에도 해적의 상징은 다양하다. 화려한 문신, 해적 깃발인 졸리 로져, 선장들의 어깨 위에 앉아 있곤 했던 앵무새, 그리고 빼놓을 수 없는 것이 바로 해적들의 도시 포트 로열이다.

지금은 허물어져 가는 성벽만 남은 이곳은 대항해시대, 세계에서 가장 부유한 항구인 동시에 해적들의 소굴로 유명했다. 그래서 영국인들은 포트 로열을 두고 흔히 '전 세계에서 가장 사

'해적들의 안식처' 포트 로열의 현재 모습

악한 도시', '신세계의 소돔'이라고 불렀을 정도로 타락한 도시였다.

포트 로열은 영화 《캐러비안의 해적》 1편이 시작되는 장소이다. 키이라 나이틀리가 납치되고 올란도 블룸이 그녀를 쫓으며 대여정이 시작되는 바로 그곳이다. 이 영화 외에도 무수히 많은 소설과 영화에서 포트 로열이 언급되었다. 그 이유는 자명하다. 포트 로열은 당시 전 세계에서 가장 부유한 항구였기 때문이다. 대항해시대 당시, 설탕과 노예무역은 지금의 반도체에 비견될 만큼 가장 수익성이 높은 산업이었다. 그래서 그 중심이었던 이 항구는 끊임없이 돈이 흘러드는 땅이었고, 그 돈을 노리는 향락 산업들이 즐비했던 불야성의 장소였다.

더 드라마틱한 사실은 이 항구가 대지진으로 인해 소멸했다는 것이다. 1692년 도시의 2/3가 가라앉는 대지진이 발생했다. 그 이후에도 몇 차례 더 대지진이 이어졌고, 쇠락의 길로 들어선 포트 로열은 예전의 명성을 다시는 회복하지 못했다. 하지만 많은 사람들은 이를 아쉬워하기보다 마치 성경 속 소돔과 고모라처럼 천벌을 받은 것이라 여겼다고 전해진다.

이곳은 카리브제도에서 가장 오래된 요새로서 1655년 영국이 스페인으로부터 자메이카를 빼앗은 직후인 1656년에 지어졌습니다. 그 당시 포트 로열은 세계에서 제일 부유한 도시였습니다. 동시에 영국인들이 사악한 도시라고 부를 정도로 죄 많은 도시이기도 했습니다.

제가 꼭 말씀드리고 싶은 것은 여러분이 이곳에 오실 때 사용했던 도로는 1692년 6월 7일에 첫 번째 지진이 일어나기 전에는 존재하지 않았다는 것입니다. 포트 로열은 원래 섬이었습니다. 도로가 없었기 때문에 이곳으로 들어오거나 나가기 위해서는 배를 탈 수밖에 없었습니다.

지금은 육지인 저곳이 300년 전에는 바다였습니다. 1692년에 있었던 대지진으로 인해 포트 로열의 지형이 완전히 바뀌었습니다. 35에이커 크기의 육지가 사라져 버렸습니다. 그리고 8,000명의 인

지진이 일어나기 전 포트 로열의 모습

구 중 5,000명의 사람들의 목숨을 앗아갔습니다. 전체 인구의 절반 이상이 죽은 것입니다. 살아남은 3,000명의 사람들은 남은 25에이커의 땅을 재건하기 시작했습니다. 그러나 1703년에 대화재가 발생했고, 1712년에는 대형 허리케인이 건물들을 모두 파괴해버렸습니다. 사람들은 항구 너머로 이전했는데 그곳이 바로 지금 우리가 아는 자메이카의 수도 킹스턴입니다.

– 앤드류 고든 / 포트 로열 해설사

환락과 지진 말고도 포트 로열에서 빼놓을 수 없는 것이 전설적인 해적들의 이야기이다. 이곳 포트 로열에서 제일 유명한 해적은 바로 헨리 모건이다. 1670년 이곳에 왔을 때 그는 평범한 해적이었다. 하지만, 헨리 모건은 찰스 2세로부터 사략 허가증을 받았다. 사략 허가증이란 국가가 적대국의 선박에 대한 해적행위를 허가해주는 문서이다. 어차피 해적을 근절시키지 못할 것이라면 적국의 선박에 대해서는 약탈을 장려하고, 자국의 선박에 대해서는 약탈을 미연에 방지하는 정책을 펼친 것이다.

나아가 헨리 모건은 자메이카의 총독이 되었다. 쉽게 통제할 수 없는 해적들과 소통할 수 있는 유일한 사람이었기 때문이다. 은퇴한 이후에는 해적행위를 통해 모아둔 부로 자메이카의 대농장을 사서 여유로운 말년을 즐겼다고 하니 그는 끝까지 행복한 해적이었던 셈이다. 1688년 8월 25일 그가 53세의 나이로 사망했을 때 포트 로열에 있던 배들은 번갈아 가며 스물 두 발의 예포를 발사했다고 한다. 그는 가장 성공한 해적으로 알려져 있으며, 오늘날까지도 《캐리비안의 해적》등 무수한 해적 영화와 소설에 모티브를

포트 로열의 전설적인 해적 헨리 모건

복원된 드레이크의 기함 골드 하인드 호

제공했다.

　헨리 모건만큼 유명한 전설적인 '해적'으로는 프랜시스 드레이크가 있다. 프랜시스 드레이크도 처음에는 사략해적으로 활동하며 스페인의 선박들을 약탈했다. 그래서 영국인들에게는 전설적인 영웅이지만, 스페인 사람들에게는 잔혹한 해적으로 알려져 있다. 물론 스페인 함선들도 영국의 배를 똑같이 약탈했다. 프랜시스 드레이크는 엘리자베스 1세로부터 기사 작위를 받았으며, 영국 해군 지휘관으로 참여한 전투에서 스페인의 무적함대를 격파하기도 했다. 이후 그는 해군을 지휘하며 여러 해전에 참가했고 1596년에 이질로 배 위에서 사망했다. 이때 그의 나이 56세였다.

런던의 템즈 강변에는 프랜시스 드레이크의 기함인 골든 하인드 호(Golden Hinde)가 복원되어 있다. 이 배는 프랜시스 드레이크의 인생 여정처럼 처음에는 해적선으로 노예무역과 신항로의 개척에 사용되었지만, 이후에는 영국 해군의 핵심 전력이 되었다.

2) 해적 민주주의

헨리 모건과 프랜시스 드레이크. 두 사람 모두 국가로부터 허가받은 사략해적이었지만, 나중에는 총독과 해군으로 활약했다는 점이 이채롭다. 이는 아마도 해적이라는 조직의 특성과 관련이 있을 것이라고 생각된다. 당시의 해적에 대한 평가 중에는 그들이 단지 폭력을 일삼고 폭력으로 문제를 해결하는 잔인한 집단이 아니라, 상당히 체계적이고 민주적인 조직이었다는 흥미로운 주장이 있다. 이는 해적 사회를 새롭게 이해하게 하는 대목이다.

일반적으로 해군을 비롯한 군대 조직은 상명하복을 특성으로 하는 것에 비해 해적들은 '투표' 행위를 통해 중요 의사결정을 했다고 한다. 예를 들어, 상대의 배를 쫓아갈 것인가 쫓지 않을 것인가, 어떤 사람을 선장으로 세울 것인가 등의 의사결정이 투표를 통해 이루어졌다는 것이다. 뿐만 아니라, 퇴직한 해적에 대한 보상이나 싸우다 죽은 동료의 아내와 자녀들의 생계를 보전하는 등 일종의 복지제도로 볼 수 있는 규약까지도 갖추고 있었다.

이와 관련된 흥미로운 해석이 있다. 당시 해군은 엄격한 계급주의 조직이었다. 장교의 대부분이 귀족이나 자본가 출신이었고, 부하들의 어려움을 헤아리지 않는 장교들의 횡포를 견디기 힘들었던 이들이 이탈을 했다. 이렇게 이탈한 해군들 중의 상당수가 해적이 되었다는 것이다. 즉 신분이나 계급적인 차별과 권위주의적 조직 체계에 강한 혐오를 가지고 있는 이들이 모여 있었기 때문에 해적들의 체계적이고 민주적인 규약이 만들어졌다는 해석이다.

이런 이야기들은 해적에 대한 우리의 선입견을 깨트린다. 물론 그렇다고 해서 남의 물건을 강제로 약탈하는 해적 행위에 수반되기 마련인 폭력성과 잔인함이 모두 사라지는 것은 아니다. 다만, 해적을 바라보는 새로운 시각을 갖게 해 준다. 예컨대 우리는 《캐러비안의 해적》같은 영화를 보면서, 교활하지만 귀엽기까지 한 해적 캐릭터가 그저 '할리우드식 과장' 혹은 '황당한 미화'라고 생각한다. 하지만 역사를 살펴보면, 해적들에게도 재평가받을 만한 미덕들이 분명히 존재한다. 그렇기에 많은 해적들이 당대에는 국민의 사랑을 받는 영웅이었고, 오늘날까지도 회자될 만큼 강한 생명력을 지니고 있는 것이다.

3) 저항의 상징 - 마룬 빌리지

　자메이카의 깊고 험준한 산자락에 숨겨진 듯 자리한 마룬 빌리지(Maroon Village)는 잔혹한 노예 역사에 온몸으로 저항했던 이들이 만든 공동체다. 사탕수수 농장의 잔혹한 수탈 때문에 도망친 노예들이 깊은 산골에 모여 이루어진 공동체인 것이다.

　자메이카는 1494년 5월 4일 콜롬버스가 상륙하면서 서양사에 등장한다. 1509년 스페인은 자메이카 오초리오스 근처에 수

저항의 상징으로 알려진 마룬 빌리지 전경

도를 세우며 식민통치를 시작했다. 스페인은 이곳에 사탕수수를 심고, 흑인 노예들을 데려왔다. 노예들은 도착하자마자 도망치기도 하고, 일을 하다가 도망치기도 했다. 자메이카의 산악 지형은 그들이 은신하기에 안성맞춤이었다.

1655년 영국이 자메이카를 지배하게 되자 스페인 농장주들은 자메이카를 떠나게 되었다. 이때 남겨진 노예들이 마룬 빌리지로 합류하면서 그 세력은 더욱 커졌다. 자메이카를 점령한 영국의 입장에서는 이들이 눈엣가시였기 때문에 곧 토벌이 시작되었다. 하지만 영국은 끝내 이 마룬 빌리지를 토벌하지 못했고 1738년 평화협정을 맺기에 이르렀다. 영국에서 노예제도가 폐지된 것이 1833년이라는 것을 생각해 보면, 마룬 빌리지는 이보다 무려 100년이나 일찍 자유를 쟁취하게 된 것이었다.

변변한 무기도 없이 이뤄낸 탈주 노예들의 승리 소식이 알려지자 깊은 산속 은신처를 찾아오는 탈주 노예의 수는 점차 늘어갔다. 17세기부터 자메이카의 산 속에는 여러 개의 마룬 공동체가 형성되었는데, 많을 때는 2만여 명의 노예들이 모여 살았다고 한다.

탈주 노예들의 마을인 마룬 빌리지는 자메이카만의 독특한 개념은 아니다. 'Maroon'이라는 단어는 북미 중미 남미에 두루 통용되는 개념이라고 한다. 하지만 다른 나라에서는 마룬 빌리지의 존재가 희미해진 반면, 자메이카에서는 현재도 무려 5곳이 그 명맥을 이어가고 있다. 우리는 지금도 선조들의 정신과 전통을 이어가고 있는 마룬의 후예들을 만나보았다.

만테! '만테'는 환영한다는 뜻입니다. 찰스 타운 마룬 빌리지(Charles Town Maroon Village)에 오신 것을 환영합니다. 여러분은 아마 '마룬'이 누구를 말하는 것인가 궁금할 것입니다. 그들은 영혼이 부서지지 않는 사람들이며 야생 속에 살아가는 사람들입니다. 마룬이라는 단어는 스페인어인 'cimarron'에서 유래된 것으로 '야생적이고 길들여지지 않은 것'을 뜻합니다.

현재 5개의 마룬 커뮤니티가 자메이카에 존재하고 있습니다. '플래그스태프(Flagstaff)'는 트렐로니 타운(Trelawny town)에 있고, '아

혁명가이자 마룬의 지도자였던 퀸 내니의 흉상과 그녀의 후손인 마룬 빌리지의 여성 촌장

콤퐁 타운(Accompong)은 세인트 엘리자베스 지역의 콕핏 컨트리(Cockpit Country)에 있습니다. 무어 타운(Moore town)은 포트랜드 동부의 큰 계곡 위에 있고, 찰스 타운(Charles town)은 포트랜드 서부에 있으며 지금 저희가 거주하고 있는 곳입니다. 그리고 스콧 홀(Scott's Hall)은 세인트 메리 지역에 있습니다.

— 마르시아 더글라스 / 찰스 타운 마룬 빌리지 촌장

우리가 방문했던 찰스타운 마룬 빌리지는 수도 킹스턴에서 산길을 몇 시간이나 달려서 비로소 도착할 수 있는 곳이었지만, 험준한 오지에 위치해 있는 것은 아니었다. 무엇보다 마을의 홈페이지를 만들어두고 있었는데, 방문객들은 투어 상품을 이용해 마을을 둘러볼 수도 있었다. 그렇다고 해서 이 마을이 '민속촌'처럼 인위적으로 조성된 공간은 아니었다. 이곳에서는 남녀노소의 주민들이 정겹게 모여 사는 실제 마을이었다.

마룬 빌리지를 이끈 전설적인 지도자 중에는 '퀸 내니(Queen Nanny)'라는 여성이 있었다. 그녀는 현재의 아프리카 가나 지역을 지배하고 있었던 아산티(Ashanti) 왕국의 아칸(Akan)족 출신이었는데, 신출귀몰한 게릴라전을 펼쳐 영국군을 괴롭힌 여전사였다고 한다. 퀸 내니는 지금도 자메이카에서 국가 영웅으로 추앙받고 있으며, 자메이카의 500달러 지폐에 그녀의 초상이 실려 있다. 우리가 방문한 찰스 타운 마룬 빌리지의 촌장은 놀랍게도 젊은 여성이었는데, 이러한 여성주의적 전통과 관련이 있을지도 모른다는 생각이 들었다.

찰스 타운 마룬 빌리지에는 작은 박물관도 있다. 마룬의 저항 정신을 설명하고, 영국군과의 전투에서 승리한 이야기를 후손들과 관광객들에게 전하고 있다. 당시 사용된 물품들이 있어 눈길을 끌었다. 먼저 '아벵'은 소뿔로 만들어진 긴 뿔피리다. 과거 영국의 배들이 어디에 있는지, 얼마나 많이 있는지, 영국군이 어떻게 하고 있는지를 알려주는 도구였다고 한다. 지금도 이 마을에서는 누군가 태어나거나 사망했을 때 그 소식을 알리는 용도로 아벵을 사용하고 있다.

아무래도 가장 흥미로운 것은 전투에 쓰였던 무기들이다. 특

박물관에 전시된 뿔피리 아벵과 무기 아파나

히 '아파나'라는 칼은 마룬 최고의 무기로 꼽힌다. 영국군이 총알을 장전하고 발포 준비를 하는 동안, 마룬 전사들은 이 칼을 들고 접근하여 단칼에 적의 목을 베었다고 한다.

상세한 설명과 함께 몇 번이나 목을 긋는 시연을 보여주는 그들의 모습에서 분명한 자부심이 느껴졌다. 만약 누군가 그들의 승리를 폄하하려 한다면, 정규전이 아닌 게릴라전이었고 깊은 산속에 숨어 있는 그들을 토벌하는 것이 여러모로 여의치 않아서 영국군이 적당히 평화협정을 맺은 것이라고 주장할 수도 있을 것이다. 하지만, 노예들에게는 탈주 자체가 목숨을 건 행위였다는 것과 이들이 영국군에 맞서 싸운 기간이 불과 1~2년 정도에 그친 것이 아니라 1650년대 제1차 마룬전쟁부터 100여년이 넘는 긴 시간 동안 치열하게 이어졌다는 사실을 생각한다면, 그런 식으로 폄하할 수 없을 것이다.

이들 마룬이 지켜낸 저항정신은 춤과 노래를 통해서도 느껴볼 수 있다. 박물관 뒤에는 이들이 집회를 여는 마을회관 같은 곳이 있는데 이곳에서 마룬들은 '크로만티 연회(Kromanti Play)'를 연다. 유네스코의 설명에 따르면, 마룬 공동체는 여러 가지 신앙의 전통을 통합하여 새로운 집단적 종교 의식을 만들어냈는데, 그 의식이 바로 크로만티 연회이다. 이 연회는 마룬으로서의 일체감을 표현하는 자리로, 조상의 혼령을 불러내기 위해 춤을 추고 노래를 부르며, 특별한 타고(打鼓) 양식으로 북을 두드리며 진행된다. 이 행사에는 '크로만티'라고 명명된 아프리카에서 유래한 언어가 사용되며, 치유의 의미도 담겨 있다.

특히 이 크로만티 연회에서 연주되는 북소리는 독창성을 인정받아 유네스코의 세계문화유산으로 등재되었고 특별상(Award of Excellence)까지 받았다고 한다. 가나, 남아프리카 공화국, 쿠바에서도 북 연주를 접할 기회가 있었지만, 이곳의 북소리에는 색다른 힘이 느껴졌다. 연주자들이 모여 독한 술을 돌려 마신 뒤, 리더가 술을 입으로 뿜으며 연주를 시작하면 곧이어 '접신'의 기운이 느껴진다. 무아지경으로 아프리카 특유의 리듬이 펼쳐지는 가운데 남녀 두 쌍이 나와 춤을 추었고, 어느새 여성 촌장도 무대에 올라 춤을 추며 분위기는 절정을 이루었다.

"우리는 우리의 춤을 크로만티 댄스(Kromanti dance)라고 부릅니다. 이것은 주로 즐거움을 위해 추지만 가끔은 치유의 목적으로도 추는 영적인 춤입니다. 그리고 이 춤은 조상과 살아있는 사람들의 소통을 위해 크로만티 리듬과 음악에 맞춰 춥니다. 우리 문화는 가나의 아칸족과 연결되어 있습니다. 우리가 북을 치는 방법, 춤을 추는 방법 등을 서아프리카에서도 똑같이 하고 있는 것이죠. 북을 치는 것은 우리를 선조들이 받아들일 수 있도록 준비하는 행동입니다. 이것으로 우리는 소통할 준비가 되는 것이죠."

– 마르시아 더글라스 / 찰스 타운 마룬빌리지 촌장

크로만티 연회의 모습

즉, 단순히 유흥을 위한 춤이 아니라 선조들, 특히 아프리카의 선조들의 영혼과 소통하기 위한 도구라는 것이다. 다시 말하지만, 이곳은 아프리카가 아니라 대서양 맞은 편의 자메이카다. 아프리카를 떠난 노예들의 후손은 지금도 고향을 그리워하며 선조들의 넋과 연결되기 위해 춤을 춘다. 그들이 춤을 추며 부르는 노래의 가사는 대략적으로 '우리는 싸웠고 우리는 승리했다. 백인들은 어디로 갔느냐. 노예의 주인들은 어디로 갔느냐. 우리가 승리해서 그들이 모두 떠났다.'라는 내용이라고 한다.

결국, 마룬의 춤과 음악은 백인들을 향한 저항정신의 표현이자, 죽은 노예들의 영혼을 위한 제의이며, 동시에 아프리카와 연결되기 위한 종교적 행위인 것이다. 이러한 춤과 노래는 대를 이어 오늘날까지 전승되고 있다.

4) 성공한 혁명의 아이러니

마룬(Maroon)은 '결코 길들여지지 않는 불굴의 정신'이라는 뜻을 가지고 있다. 자메이카의 마룬 빌리지는 비록 게릴라전의 형태였지만, 유럽 백인 위주의 지배 질서에 저항했고 끝내 승리를 거둔 참으로 드물고 소중한 사례이다. 그런데 이보다 훨씬 드라마틱한 승리가 있다. 바로 '아이티 혁명'이다.

프랑스 혁명은 누구나 어느 정도는 알고 있으며 동경하기까지 한다. 수많은 영화나 소설의 소재가 되었고, 《테르미도르》나 《베르사유의 장미》 같은 만화에서도 다루어졌다. 그런데 어찌 보면 아이티 혁명은 이보다 더 놀라운 사건임에도 불구하고 널리 알려지지 않았다. 노예들이 전쟁을 벌였다! '스파르타쿠스'처럼 실패했냐고? 아니다. 프랑스 정예군을 물리치고 빛나는 승리를 거두었다. 심지어 그들은 나라를 세웠고, 그 나라는 지금까지도 건재하다. 그런데 왜 이 혁명은 세상에 널리 알려지지 않은 것일까?

'히스파니올라'는 카리브해의 섬으로, 쿠바보다는 작지만 자메이카 등 인근의 다른 섬들보다는 훨씬 크다. 지금은 이 거대한 섬을 두 나라가 양분하고 있다. 하나는 아이티, 다른 하나는 메이저리그 야구선수를 여럿 배출한 도미니카공화국이다. 이런 어색한 공존은 과거 스페인과 프랑스가 이 섬을 나누어 지배했던 역사에서 비롯되었다. 스페인의 식민지는 도미니카공화국이 되고 프랑스의 식민지는 아이티가 된 것이다. 이렇게 양분되기 전에 히스파니올라는 이미 해적으로 유명한 섬이었다. 너무나 잘 알려진 소설 《보물섬》에 등장하는 해적선의 이름이 '히스파니올라'일 정도이다. 이 섬은 1492년 콜롬부스에 의해 서구에 알려진 뒤 50만 명에 달하던 원주민들은 몰살당했고, 아프리카에서 끌려온 흑인 노예들로 채워진 '설탕 식민지'가 되었다. 오늘날 도미니카공화국이 자리한 곳은 1516년부터 스페인의 지배를 받게 되었고, 아이티는 17세기부터 프랑스령 식민지가 되었다.

그렇게 억압을 받던 아이티에서 18세기 후반 투산 르베르튀르(Toussaint Louverture)라는 위대한 지도자가 등장했다. 그는 노예였으나 출중한 능력을 인정받아 주인으로부터 자유를 얻었고, 40세 이후에는 프랑스의 직업군인이 되었다. 프랑스 혁명에 깊은 감명을 받은 그는 1791년 프랑스로부터 아이티의 독립을 선언하고 봉기했다. 그는 지휘관으로 엄청난 능력을 발휘해 프랑스의 정규군을 여러 차례 패퇴시켰다. 하지만 1803년 패전으로 프랑스로 끌려갔고 그곳의 감옥에서 생을 마감했다. 1804년

아이티 혁명 당시 프랑스 군을 처형하는 모습

그를 계승한 장 자크 데사린(Jean-Jacques Dessalines)이 다시 봉기하여 전쟁을 승리로 이끈 다음 마침내 독립을 선언했다. 흑인 노예들이 서구 열강에 저항하여 승리를 거두었을 뿐만 아니라, 그 결과 최초의 흑인 공화국인 아이티가 탄생하는 순간이었다. 노예 해방과 더불어 세계 최초 흑인 주도의 근대적 정부가 들어선 것이다.

이렇게 통쾌한 승리로 이야기가 끝났다면 얼마나 좋았을까! 하지만 현실은 잔혹했다. 자유를 쟁취한 흑인들은 무거운 노동의 족쇄를 풀고 처음으로 '긴 휴가'를 만끽했다. 휴가가 지속되는 동안 플랜테이션에서 일하는 사람은 아무도 없었다. 설탕 생산이 멈춰버린 것이다. 결국 자유민이 된 개개인의 처지는 좋아졌지만, 아이티의 국가 경제는 쇠퇴하고 말았다.

　게다가 쿠바 혁명이 일어났을 때 러시아와 중국 같은 사회주의 국가들의 도움이 있었던 것에 비해, 아이티는 세계 외교에서 완전히 고립되었다. '최초의 노예혁명'을 통해 세워진 국가라는 상징성은 제국주의 국가들과의 외교관계 수립을 오히려 어렵게 만들었다. 특히 아이티에서는 혁명이 성공한 직후 백인 농장주들에 대한 대규모 학살이 벌어졌다. 이 사건에 대한 소식이 유럽과 미국에 전해지자 아이티에 대한 여론은 급격히 나빠졌다. 그 결과 국제 사회에서 아이티는 더욱 고립될 수밖에 없었다.

　국제 사회에서 외교적으로 고립된 아이티는 심각한 기아에 시달렸고, 이를 극복하기 위해 프랑스와의 외교 복원을 선택했다. 아이티는 프랑스와 외교관계를 복원하는 대가로 1억 5천만 프랑의 '독립배상금'을 약속했다. 수세기 동안 노예무역과 강제 노역에 시달렸던 아이티가 프랑스에 배상금을 '지급 받는' 것이 아니라, 아이티의 독립으로 인해 프랑스가 입은 경제적 손해에 대해 아이티가 배상금을 '지급 하는' 약속을 했던 것이다. 말이 좋아서 외교 관계의 복원이지 실제로는 구걸하다시피 매달려서 얻은 최악의 결과물이었다. 아이티는 지금까지도 이 거액의 배상금으로 인한 후유증을 앓고 있다.

　피해자가 아니라 가해자들이 오히려 이익을 챙기는 이 지독한 아이러니는 영국에서 노예제가 폐지된 이후에 일어난 일들과 정확하게 일치한다. 아이티에서 혁명이 성공하자 노예 해방 운동의 불길은 영국에서도 거세게 타올랐다. 결국 1833년, 영국에서 노예제가 폐지된다.

하지만 영국의 노예 상인들은 반성하지 않았다. 그들에게 노예란 담배나 설탕과 같은 하나의 '물건', 즉 개인의 자산에 불과했던 것이다. 그래서 노예제도가 폐지되어 그들의 '자산'이 사라졌을 때 정부가 보상해 주지 않는다면 이것은 자유주의의 대원칙을 훼손하는 것이며 영국인의 자산은 개인의 것이지 결코 국가의 것이 될 수 없다는 주장을 펼쳤다.

이에 영국 정부는 노예 소유주들에게 보상금을 지급하기로 결정한다. 유니버시티 칼리지 런던(UCL)의 닉 드레이퍼(Nick Draper) 교수의 연구에 의하면, 당시 노예보상금을 받은 사람들은 영국 전역에 퍼져 있었는데 소위 명망가라는 사람들의 집안도 포함되어 있었다. 예를 들어, 세계적인 소설가인 조지 오웰의 증조부는 당시 218명의 노예를 소유하고 있었다. 그가 노예 해방의 대가로 받은 보상액은 4,442파운드였는데, 현재 가치로는 230만 파운드(43억 원)에 달한다고 한다. 또 영국 총리를 지낸 윌리엄 글래드스톤의 아버지 존 글래드스톤은 당시 2,508명의 노예를 소유하고 있었는데, 그가 받은 보상액은 현재가치로 6,430만 파운드(1,200억 원)에 달하는 실로 엄청난 액수였다.

아프리카인들을 노예로 만들어 학대했던 사람들은 일확천금을 얻었지만, 노예 생활을 하며 희생당한 아프리카인들은 아무것도 얻지 못했다. 흑인들이 간절히 원했던 노예제 폐지는 그들이 원하는 방향으로 흘러가지 않았다. 그들은 자유를 얻었지만, 빈손으로 쫓겨나야 했다. 빈손으로 쫓겨난 그들은 다시 '설탕 노동자'가 되었고, 노예와 별반 다르지 않은 대우를 받으며 참혹한 노동을 감수해야 했다. 300년을 간절히 기다려온 '노예제 폐지'는 그저 새로운 불평등의 시작에 불과한 것이었을지도 모른다.

5) 저항의 노래 - 밥 말리와 레게

자메이카는 라틴 아메리카에서도 전체 인구에서 흑인이 차지하는 비율이 가장 높은 국가로 국민의 90퍼센트가 흑인이다. 노예무역의 중심지였던 자메이카에서 300년 동안 매매된 노예의 숫자만 해도 무려 40만 명에 이르렀고, 그들이 정착하여 후손을 이루었기 때문이다. 이런 자메이카의 비극 속에서 잉태된 음악 장르가 바로 '레게(Reggae)'이다.

레게는 1960년대부터 등장했지만 1970년대에 '밥 말리(Bob Marley)'라는 불세출의 슈퍼스타가 나타난 이후 비로소 전 세계인의 사랑을 받기 시작했다. 사실 밥 말리는 출생부터 자메이카

밥 말리의 모습이 그려진 벽화

국민들이 겪은 식민지 역사의 산물이라고 할 수 있다. 영국인으로 중년의 백인이었던 아버지와 10대의 흑인 소녀였던 어머니 사이에서 태어난 밥 말리는 열 살에 아버지를 잃고 가난한 혼혈아로 자랐다. 흑인들의 애환과 자유와 평화를 노래한 밥 말리의 노래 중에서 특히 그가 암 진단을 받은 뒤 작곡한 이 노래를 소개하고 싶다.

구원의 노래 (Redemption song)

Old pirates, yes, they rob I;

늙은 해적들, 그래, 그들은 나를 납치했고

Sold I to the merchant ships,

노예상선에 나를 팔았지.

Minutes after they took I from the bottomless pit.

그들이 아주 깊은 구렁텅이에서 나를 꺼낸 그 몇 분 사이에 말이야.

But my hand was made strong by the hand of the Almighty.

하지만 내 손은 강했어. 신께서 그렇게 만들어주셨지.

We forward in this generation triumphantly.

우리는 이 세대에서 당당하게 전진해 나가야 해.

Won't you help to sing these songs of freedom?

이 자유의 노래를 부르는 걸 도와주지 않을래?

'Cause all I ever have: Redemption songs, Redemption songs.

내가 아는 노래는 오직 하나 구원의 노래, 구원의 노래뿐이니까.

Emancipate yourselves from mental slavery;

정신적인 노예 상태에서 너 자신을 해방시켜야 해.

None but ourselves can free our minds.

우리 마음을 자유롭게 할 수 있는 것은 우리 자신밖에 없어.

Have no fear for atomic energy,

핵 에너지를 두려워하지 마.

'Cause none of them can stop the time.

그 어느 누구도 시간을 멈출 수는 없을 테니.

How long shall they kill our prophets, while we stand aside and look? Ooh!

언제까지 그들이 선지자들을 죽이는 것을 우린 옆에 비켜서서 바라보고만 있을 건가? 우!

Some say it's just a part of it:

누군가는 선지자들이 죽는 것도 예언의 일부일 뿐이라고 말하지:

We've got to fulfill the Book.

우린 성경책을 따라야 해.

Won't you help to sing these songs of freedom?

이 자유의 노래를 부르는 걸 도와주지 않을래?

'Cause all I ever have: Redemption songs.

내가 아는 노래는 오직 하나 구원의 노래뿐이니까.

    자메이카의 수도 킹스턴에 위치해 있는 밥 말리 박물관은 그가 살던 집을 박물관으로 개조한 것이다. 이 집은 그가 유년기를 보낸 빈민가의 집이 아닌, 가수로 성공한 이후에 거주했던 곳

밥 말리 박물관의 모습

으로 그의 유산이 보존되어 있었다. 자메이카를 찾는 관광객의 90퍼센트는 이곳을 거쳐 갈 정도로 성공적인 관광지가 되었다.

이곳에서 밥 말리의 삶과 음악에 대해 일목요연하게 정리된 정보를 얻을 수 있지만, 강렬한 저항정신을 운운하기에는 다소 머쓱한 부분도 있었다. 가령, 박물관 내부를 촬영을 하기 위해서는 비용을 지불해야 했는데, 구역별로 '여기까지는 얼마, 여기서 좀 더 들어가서 여기까지는 또 얼마'라는 식으로 매우 상세하게 책정된 '옵션표'가 제시되어 있었다. 그 한켠에서는 '밥 말리 이어폰'을 팔고 있어 촬영 스태프 한 명이 구입했는데, 알고 보니 한국에서 사는 것보다 훨씬 비싼 가격이었다고 한다.

이처럼 상업화된 관광지다 보니 밥 말리의 정신을 느끼기에

레게 가수 지맥과 그가 작업하는 녹음실

는 여러모로 아쉬웠다. 그래서 실제 레게 가수들이 생각하는 레게의 음악 정신을 들어보기 위해 어렵게 현지 뮤지션을 섭외했다. 주소를 받아들고 찾아가는데 어둠이 깔리는 저녁, 치안이 좋지 않은 것으로 유명한 킹스턴을 거닐자니 긴장이 되었다. 하지만 막상 집 안으로 들어가니 동네 아이들, 어르신들이 모여있는 동네의 사랑방 같은 분위기였다.

트로피와 발매된 앨범들이 즐비한 이 집은 알고 보니 케네스 조지 부스(Kenneth George Boothe)라는 자메이카 원로가수의 집이었다. 그의 집 안 녹음실에서 지맥(G-MAC)이라는 젊은 가수를 만났다.

레게란, 노예 시대로부터 나온 것입니다. 우리는 우리의 권리를 위해서, 그리고 자유로워지기 위해서 싸워야만 했습니다. 우리에게 스스로를 표현할 수 있는 방법은 오직 음악뿐이었습니다. 그래서 실제로 우리가 사탕수수밭에 있었을 때 우리들은 최대한 크게 노래를 불렀습니다. 목소리를 통해 체제와 억압에 대항하고 우리의 자유를 위해 싸웠야 했으니까요.

밥 말리는 이런 레게 음악을 상징하는 인물입니다. 밥 이전에도 몇몇 사람들이 있었지만 밥 말리는 자유를 표현하고 체제와 억압에 맞서 싸우는 대표적인 인물이 되었죠. 그게 바로 그의 음악입니다. 만약 당신이 그의 음악을 들어본다면 당신은 이 모든 것에 대해 알 수 있을 것입니다.

저도 이런 노래를 하고 싶습니다. 사실 오늘날까지도 우리는 구속되어 있기 때문입니다. 과거처럼 물리적인 속박이 아니라 정신적으로요. 음악을 통해서 저의 이런 생각을 표현함으로써 많은 사람들의 마음을 자유롭게 해줄 수 있기를 바랍니다.

— 지맥 / 레게 가수

과거의 노예들 뿐 아니라 현재의 우리를 구속하고 있는 정신적 억압과 속박에서 벗어나고자 하는 그의 노래는 과연 어떨까? 그와 흑인 동료 두 명이 흐느적거리며 노래를 시작했는데, 바로 밥 말리의 〈구원의 노래 (Redemption song)〉였다. 그건 정말 마법 같은 순간이었다. 그는 왜 이 노래를 부른 것일까?

'Emancipate yourselves from mental slavery. (정신적인 노예 상태에서 너 자신을 해방시켜야 해.)'라는 이 한 줄이 당신에게 중요한 것을 말해줍니다. 여러분의 앞에 놓여있는 환상들에도 불구하고 여러분의 마음이 가장 강력하다는 것을요. 이 노래는, 이 세상 무엇보다 강한 것은 여러분의 정신이니, 무엇이 여러분의 앞에 보이더라도 그것은 그저 환상에 불과하다는 것을 가르쳐 줍니다.

— 지맥 / 레게 가수

이 글을 쓰고 있는 중, 밥 말리에 대한 영화 《ONE LOVE》가 개봉해서 일부러 찾아보았다. 아무래도 이 책의 관점에서, 즉 '설탕'의 관점에서 영화를 보게 되었다. 사소하지만 몇 가지 발견한 것들을 이야기해 보겠다.

이 영화에서는 과거 회상 장면이 조금씩 다른 의미로 변형되면서 여러 번 반복된다. 영화 초입에서는 불타는 밭에서 아이가 뛰어나오는데 마냥 불길하고 어두운 느낌이다. 영화의 중간에서는 그 아이 뒤를 쫓아서 말을 탄 영국군이 나오는데 이것은 어린 밥 말리를 버린 영국인 아버지를 상징하는 것으로 풀이된다. 가장 마지막 회상 장면에서는 말을 탄 사람의 얼굴이 영국군이 아니라 밥 말리가 믿는 종교의 왕의 모습으로 바뀌는데 그는 아

레게 페스티벌 '레게 섬페스트(Reggae Sumfest)'가 열리는 자메이카의 휴양지 몬테고 베이

이를 가슴에 안고 '나의 아들'이라고 말한다. 밥 말리의 어릴 적 상처가 치유되는 장면인 것이다.

 이처럼 이 회상 장면은 영화 전체를 관통하는 중요한 장치인데 이 장면의 배경이 되는 장소는 바로 광활한 사탕수수밭이다. 브라질에서 설명한 것처럼, 사탕수수는 수확을 쉽게 하기 위해 일부러 밭에 불을 지르는 관행이 있는데 영화의 제작자는 이것을 통해 밥 말리의 삶과 노예제 역사를 은유적으로 표현하고자

제3장 • 설탕 그리고 '해적' **229**

했을 것으로 생각된다.

그리고 영화 전반에 걸쳐 '라스파타리(Rastafari)'라는 밥 말리가 믿는 종교 이야기가 나오는데 그 종교예식의 북소리가 자메이카 마룬 빌리지에서 들었던 크로만티 연회(Kromanti Play)의 북소리와 거의 흡사했다. 한번 귀 기울여 들어보면 좋을 것 같다.

영화 후반, 밥 말리는 암 진단을 받고 영국에서 자메이카로 돌아온다. 오랜만에 예전에 머물던 자택(현재 밥말리 뮤지엄이 된 바로 그 집)에서 가족들에게 둘러싸여 즐거운 시간을 보내다가 노래 한 곡을 불러준다. 그 노래를 듣고난 후에 밥 말리의 아내가 묻는다.

"언제 이 노래를 썼어?"

"All my life! (내 평생)!"

영화의 예고편에서도 사용된 아주 의미심장한 장면이다. 이렇게 중요한 장면에서 그가 부르는 노래 역시 〈구원의 노래(Redemption song)〉이다. 이렇게 여러 곳에서 만나게 되는 이 노래는 마치 내가 쓰고 있는 이 책의 주제가처럼 느껴진다.

영화를 본 많은 사람들이 '라스타파리'에 대해서도 궁금해한다. 밥 말리를 이해하는 데 아주 중요한 요소인데 영화에서는 자세히 설명되지 않는다. 인터넷을 검색해도 그저 에티오피아의 '살아있는 왕'을 신으로 모시는 신흥 종교라는 정도로만 소개되어 있다. 더구나 신으로 받들여진 그 왕이 자메이카를 실제 방문한 적이 있었는데 자신을 신으로 모시는 것에 정작 본인은 크게 당황했다는 에피소드까지 들으면 라스타파리가 마치 사이비 종교인 것처럼 여겨질 우려도 있다.

나 역시 이 종교에 대해 잘 모르지만, 밥 말리가 믿었던 종교가 그렇게 황당한 주장만 하는 것은 아니라는 사실만큼은 말해 두고 싶다. 라스타파리의 신도가 신으로 추앙하는 왕은 에티오피아의 '하일레 셀라시에((Haile Selassie)' 왕이다. 사실 하일레 셀라시에 왕은 한국과도 인연이 깊다. 그는 한국전쟁 당시 에티오피아 군대를 파병하는 결정을 했으며, 이후 한국을 직접 방문하기도 했다. 춘천의 에티오피아 참전 기념관 내에 있는 카페에 에티오피아산 커피 원두를 보내주기도 했다. 아프리카 일대에서는 어쨌든 유명한 왕인 것이다. 그런데 왜 남의 나라의 왕을 신으로 삼은 것일까?

여러 번 언급했거니와, 아프리카와 자메이카 사이에는 광활한 대서양이 놓여 있다. 아프리카 흑인들은 자신의 의지와 무관하게 '살아있는 지옥'이라는 노예선에 강제로 태워져 이 광활한 바다를 횡단했다. 이렇게 대서양을 건넜던 흑인들 중에서 극소수를 제외한 대부분은 두 번 다시 아프리카 땅을 밟지 못했다. 그들은 죽어가면서도, 아니 죽은 이후에도 고향 아프리카를 그리워했을 것이다.

설탕 프로젝트를 진행하면서 직접 목격한 것은, 아프리카의 노래와 춤, 종교예식과 토속음식이 브라질, 자메이카, 쿠바 등 대서양 너머의 땅에서 본 그것들과 너무나도 닮아 있다는 사실이었다. 그것은 춤과 음악에 무신경한 나의 눈에도 확연하게 느껴질 만큼 분명했다. 오랜 세월이 흘렀지만 아프리카 노예의 후손들은 아프리카 전통을 지켜왔고 앞으로도 지켜가고자 하는 것이다.

이처럼 춤과 노래, 술과 음식에 이르기까지 다양한 요소에서 발견되는 이 일관된 '아프리카 지향'의 또 다른 형태가 라스파타리라는 신흥 종교인 것이다. 그들은 자신들의 뿌리를 지향하는 종교를 만들었고, 아프리카의 어느 훌륭해 보이는 왕을 신으로 받들었다. 아프리카의 노예 후손들은 수백 년이 지난 지금까지도 고향을 그리워하는 일종의 '귀소 본능'을 이렇게 다채롭게 표현하고 있는 것이다.

[촬영일지]

살인율 1위의 도시 '킹스턴'

해적과 저항정신 말고도, 자메이카는 '블루 마운틴'이라는 세계 3대 커피의 원산지이자 '저크 치킨'이라는 끝내주는 닭요리의 나라이기도 하다. 둘 다 맛을 보았지만 아무래도 저크 치킨 쪽이 더 기억에 남는다. 현지의 유명한 식당을 찾아갔는데 순간 불이 난 게 아닐까 걱정될 정도로 온 사방을 가득 채운 자욱한 연기가 인상적이었다. 강한 훈연의 맛과 쫀득한 육질이 정말 맛있었다. 이 저크 치킨의 유래는 2가지 설이 있는데 하나는 해적들이 만들었다는 것이고 다른 하나는 탈주 노예인 마룬들이 만들었다는 것이다. 모두 이 책의 내용과 관련이 있으니 자메이카에 들르면 꼭 맛보길 바란다(한국의 치킨 회사들도 미흡하나마 '저크 치킨'을 만들고 있긴 하다).

저크치킨

자메이카가 가진 이런 다양한 매력에도 불구하고 나는 자메이카로 떠나기 전 관계자에게 받은 자료의 문구가 잊혀지지 않는다.

'세계에서 살인율이 가장 높은 도시'

곧 방문할 사람에게 이런 자료를 주는 건 무슨 마음이었을까?

그저 조심하라는 의미였겠지만 꽤 충격적이었다. 새삼 궁금해서 다시 인터넷을 뒤져보니 바로 이 문건이었던 것 같다. 무려 외교부가 작성한 문건이다.

• 자메이카는 세계에서 가장 살인률이 높은 국가 중 하나임. 2011년도 유엔 마약사무소 통계에 의하면, 인구 10만 명당 살인 건수로 온두라스(89명), 엘살바도르(66명), 코트디부아르(57명)에 이어 자메이카(52명)를 가장 위험한 국가로 지목하고 있음.

• 자메이카 경찰 당국 발표에서도 자메이카는 인구 대비 살인률이 매우 높은 국가로 2012년 한해 1,084명이 살해되었으며, 특히 총기 살인률(gun murders)은 2012년 전체인구의 0.047%로서 세계에서 2번째로 높은 국가임.
 - 지난 10년간 총기로 살해된 인명수는 총 10,528명으로 이 중 75%가 불법 총기의 피해자이며, 총격 범죄 사건은 8,500건, 총기 이용 강도 사건도 17,000건에 이름.
 - 최근 미국, 영국, 캐나다 등에서 추방된 자메이카계 강력범 1,200 여명이 주재국에 돌아와 범죄활동을 재개하고 있는 것도 치안 상황 악화의 요인으로 파악되고 있음.

• 또한 자메이카는 남미에서 미국으로 마약이 건너가는 환적지(trans-shipment)임과 동시에 카리브 지역내 최대 대마초 생산국으로, 2013년 미 국무부 국제마약통제전략보고서에 따르면,

당지에서 15,000 헥타르에 이르는 지역에서 마리화나가 경작되어 대부분이 미국 및 유럽으로 선적되거나, 중남미 범죄조직에서 생산하는 코카인과 교환된다고 함.

    자메이카는 《무한도전》 팀이 방문하기도 해서 대중들에게 꽤 친근한 이미지를 가지고 있지만, 자메이카의 수도 킹스턴은 실로 무시무시한 곳이었다. 실제로 킹스턴에서 묵었던 숙소는 에어비앤비를 통해 예약한 아파트형 맨션이었는데, 입구에 경비원이 총을 들고 서 있던 모습이 지금도 기억이 난다.
    자메이카에서 우리 일을 도와준 한국인 코디는 큰 덩치와 함께 무시무시한 인상의 소유자였는데 덕분에 자메이카를 촬영하는 내내 든든했다. 하지만 반전은 그가 실제로는 20대의 어린 대학생이었으며 매일 아침 기도로 하루를 시작하고 시사 토론 팟캐스트를 들으면서 잠이 드는 매우 건실한 청년이었다는 것이다. 어쨌든 우리는 그 코디 덕분에 자메이카 시내와 거리, 현지의 뮤지션의 집까지 안심하고 활보하며 무사히 촬영할 수 있었다.

제4장

'설탕섬' 그리고
'사진 신부'의 후예들

- 하와이

하와이로 떠나는 '신부'들

 결혼한 커플들이 가장 선호하는 신혼여행지는 어디일까? 유행에 따라 모리셔스나 몰디브가 급부상한 때도 있었지만, 예나 지금이나 가장 인기 있는 여행지는 바로 하와이다. 그래서 한 해에도 수많은 커플들이 꿈에 부풀어 아름다운 섬 하와이를 향해 출발한다. 그들에게 하와이는 허니문이라는 말 그대로 '달달한 섬'일 것이다.
 그렇다면 100년 전에는 어땠을까? 인천에서 출발한 하와이행 배에는 커플이 아니라 신부만 가득했다. 그들은 사진 한 장만 달랑 들고 머나먼 태평양을 건너 곧 남편이 될 사람을 만나러 가는 '사진 신부(picture bride)'들이었다. 10일이 넘게 걸리

하와이 다이아몬드 헤드의 모습

는 긴 항해를 처음 경험한 이 여성들은 너나없이 심한 배멀미에 시달렸다. 고생 끝에 겨우 하와이에 도착한 신부들은 한참을 둘러보아도 새신랑을 찾을 수가 없었다. 그들이 보내온 사진 속 모습과 실제 모습이 너무도 달랐기 때문이다. 이들은 대부분 그리 행복하지 않은 결혼생활을 했고, 그러면서도 자식교육과 조국 독립운동에 앞장선 '억척어멈'이 된다.

100년을 사이에 두고, 닮은 듯 다른 이 기막힌 이야기의 배경에는 바로 설탕이 있다!

1. 하와이

'천국'에서 만난 아픈 기억들

1) 하와이 왕국, 설탕 때문에 사라진 나라

지금까지 우리의 드라마는 주로 유럽과 아메리카 사이의 바다인 '대서양'을 위주로 펼쳐졌다. 하와이는 아시아와 아메리카 사이의 '태평양'에 있다. 즉, 무대가 완전히 바뀐 것이다.

하와이는 1778년 쿡 선장이 샌드위치 군도라는 이름을 붙이면서 서양사에 처음으로 등장했다. 하와이에서도 사탕수수가 잘 자란다는 것을 발견하자 유럽 열강은 본격적으로 사탕수수를 재배하기 시작했다. 1876년 미국과 하와이의 호혜통상조약이 맺어진 후, 하와이에서 설탕의 생산량은 폭발적으로 증가했는데 20년 만에 설탕 생산량이 무려 20배나 늘었다고 한다.

이올라니 궁전과 여왕인 릴리오우칼라니의 모습

    설탕 생산이 황금알을 낳는 거위나 다름없던 시절이었기 때문에 '설탕 자본'은 하와이의 경제를 점령했다. 이들은 하와이 왕과 사이가 틀어지자 미국의 해병대와 함께 왕을 폐위시켰고 선교사의 아들을 대통령으로 만든 후에 하와이를 미국의 한 주로 편입시켜버렸다. 하와이의 마지막 여왕 릴리오우칼라니(Liliuokalani)가 감금되어 있던 이올라니 궁전(Iolani Palace)에는 여왕의 당시의 모습이 담긴 사진과 함께 여왕이 쓸쓸한 마음을 달래며 만들었다는 퀼트가 잘 보존되어 있다. 미국의 50번째 주가 되어버린 하와이의 슬픈 역사에도 설탕이 있었던 것이다.

2) 사탕수수 노동자들의 무덤

한때 하와이에서 설탕과 사탕수수는 하와이 왕국의 운명을 결정지을 정도였다. 그러나 하와이에 도착한 우리는 어디서도 광활한 사탕수수밭을 촬영할 수가 없었다. 아마도 사탕수수밭으로 남겨 두기에는 현재 하와이 땅값이 너무 비싸기 때문일 것이다. 수소문 끝에 그나마 어렵게 서핑으로 유명한 오아후의 북쪽 지역인 노스 쇼어(North shore) 근처에서 와이알루아 설탕공장(Waialua Sugar Mill)을 발견했다. 하지만, 이곳도 설탕공장의 흔적만 일부 남아있을 뿐, 이미 오래전에 다른 공장으로 바뀌어 있었다.

그런데 이 설탕공장 인근의 들판에 사탕수수 노동자들의 무

하와이를 번성하게 했던 설탕공장의 모습과 오늘날까지 남아 있는 흔적들

덤들이 있었다. 사진에서 확인할 수 있듯이 무덤이 있는 장소는 바다 바로 옆에 있는 지대가 낮은 곳이어서 묘지를 만들기에는 적합하지 않아 보였다. 쓰나미 등으로 인한 침수 피해가 불 보듯 뻔한데도 이곳에 무덤을 만든 이유는 그들에게 달리 다른 곳을 찾을 만한 경제적인 여유나 사회적 지위가 없었기 때문이었을 것이다.

우리의 마음을 더욱 무겁게 만든 것은 이 묘지의 한켠에 따로 마련된 아이들의 무덤이었다. 9세, 3세 등 비석에 적힌 숫자로 헤아려보면 너무나 어린 나이에 세상을 떠난 이들이 증명하듯 초기 사탕수수 노동자들의 삶은 만만치 않았다. 광활한 사탕수수 농장에서 피땀 흘려 일했을 노동자들을 애도하는 마음으로 비

하와이에서 발견한 묘지와 비석들

석을 살펴보는데, 알파벳 글자들 사이에 느닷없이 한글이 적혀 있다. 그것도 지금은 쓰지 않는 아래 아 '·' 같은 옛날 고어다. 바로 이곳 사탕수수 농장에서 일했던 이들 중 상당수는 '한국인' 이었던 것이다.

우리나라에서 미국이 갖는 위상은 예나 지금이나 중요하다. 그런데 역사상 우리나라 사람이 미국이라는 나라에 처음으로 이민을 간 곳이 바로 하와이다! 1902년 12월 22일 지금의 인천인 제물포항에서 '겐카이마루(玄海丸, Genkai Maru)'호를 타고 나가사키에 도착한 이민자들은 신체검사를 받은 후 일부는 불합격되어 탈락하고 최종적으로 102명이 미국 상선 '갤릭(Gaelic)' 호에 옮겨 탄다. 10일이 넘는 긴 항해를 거쳐 드디어 1903년 1월 13일 호놀룰루에 역사적인 첫발을 내딛게 된다. 이것이 미국 한인 이민사의 첫 페이지가 되는 것이다.

당시 하와이 농장협회에서는 일손이 부족해지자 노동자 수급을 위해 대리인 존 대쉴러(John Deshler)를 조선으로 파견한다. 그는 미국 대리공사였던 호레스 알렌(Horace Allen)을 통해 고종황제의 허락을 받아낸다. 하지만 조선 사람들이 지원을 하지 않자, 인천 내리 교회의 존스(George H. Jones) 선교사가 신도들을 설득했다. 그래서 첫 번째 이민자들은 상당수는 내리 교회의 신도들이었다. 제물포 항에서 배가 출발하기 전에 존스 선교사의 주재로 예배를 올린 기록이 남아 있다.

1907년 하와이 에와(Ewa)에 모인 한인들

 대서양을 건너는 것만큼이나 조선 사람들이 태평양을 건너는 것도 힘이 들었을 것이다. 대부분이 기독교 신자였기에 10일이 넘는 긴 항해에서 배멀미로 구토를 하다가도 손을 잡고 함께 기도하기도 했다고 한다. 대항해시대, 흑인 노예들이 '살아있는 지옥'이라 불리던 노예선을 타고 대서양을 건너는 장면과 겹쳐진다. 우리와는 전혀 상관없는, 그저 역사 속의 비극이라고만 여겨졌던 노예선이 갑자기 전혀 다른 질감으로 다가온다.

 첫 이민을 시작으로 1905년까지 단기간에 7,000명에 이르는 조선인들이 태평양을 건너 하와이로 왔다. 이들 중 사탕수수 농장에서 일을 한 사람의 숫자는 약 5,000명이었다. 어린아이들과 환자들을 빼고 나면 거의 모두라고 할 정도의 인원이 하와이 섬 곳곳으로 흩어져 30여 개의 사탕수수 농장에서 설탕과 관련된 일을 한 셈이다.

3) 잊을 수 없는 '제리 추' 할아버지

사실 이 무덤의 존재를 알게 된 건 몇 년 전으로 거슬러 올라간다. 고생 끝에 문명 다큐멘터리 기획안을 완성했지만, 지역방송사에서 제작비를 충당하기에는 무리가 따르는 프로젝트여서 정부지원금이 반드시 필요했다. 그래서 무려 5년에 걸쳐 도전을 하게 되었다. 그런 답답한 처지에 있던 중 해외여행 프로그램을 담당하게 되었고, 나는 하와이를 촬영지로 선택했다.

20여 일 넘게 하와이에 머물면서 맛집, 관광지 말고 뭔가 색다른 아이템이 없을까 고민하던 차에 나는 아직 빛을 보지 못하고 있던 설탕 프로젝트의 기획안을 떠올렸고, 하와이의 설탕을 한번 취재해봐야겠다는 생각이 들었다. 사전 섭외가 없었던 터라 현지인들에게 묻고 또 물어서 옛 설탕공장을 찾았고, 그 옆에 무덤이 있다길래 한번 찾아가 봤던 것이다.

무덤에는 일본인 인부가 한 명 있었다. 그와 대화를 하던 중 '이 무덤의 관리인 중에는 한국인이 있는데 한번 불러줄까'라고 먼저 제의를 해왔다. '그렇게 해 주시면 좋지요'라고 말하면서도 하와이의 중심지에서 먼 이곳까지 어느 누가 선뜻 올까 하는 의구심이 들었다.

하지만 예상을 깨고 할아버지 한 분이 나타났다. 그는 '제리 추'라는 한국인 3세인데 15년 전 이 무덤의 존재를 알게 된 이후 지금까지 아무런 보수도 받지 않고 관리하고 있다고 했다. 그와의 인터뷰는 그리 길지 않았지만 이곳에 대한 그의 애정을 충분히 느낄 수 있었다. 그로부터 몇 년이 지나 결국 정부지원금을 받는 데 성공했을 때 나는 이 무덤을 다시 찾고 싶었다.

한국에서 출발하기 전부터 그를 다시 만나기 위해 이메일을 보냈지만 계속 미확인 상태로 남아 있었다. 그래도 가보지 않을 수가 없었다. 이리저리 헤매다 전과 전혀 다른 길을 통해 겨우 도착했다. 놀랍게도 3년 전과 똑같은 일본인이 일을 하고 있었다. 그리고 그는 나를 기억하고 있었다. 그가 이번에도 제리 추에게 전화를 해주었고, 그는 기꺼이 40분을 운전해서 우리가 있는 곳으로 다시 와 주었다. 그는 더 나이들어 있었고 다리가 눈에 띄게 불편해 보였다. 이제 본격적으로 그의 이야기를 듣게 되었다.

1903년에 있었던 일이죠. 조선인 이민자를 태운 첫 번째 배(갤릭호)에 저의 할아버지와 할머니가 계셨어요. 그들은 바로 이곳 사탕수수 농장에서 일하셨고 저의 아버지가 2년 후에 태어나셨어요.
제가 이곳을 아무런 보상 없이 관리하는 이유는 제 조상들의 '유산'을 보존해야 될 것 같아서입니다. 여기 살면서 하셨던 일들과 이곳의 존재를 사람들한테 알려야 한다고 생각해요. 제가 15년 전

(1997년) 여기 처음으로 왔을 때는 잔디가 제 키보다 컸어요. 어머니를 데리고 와서 제 친척들이 어디에 묻혀있는지 물어봤어요. 처음에는 그 부분만 청소하기 시작했어요. 힘들게 청소하고 나서 돌아보고는 '와 이것은 사막 한가운데에 있는 작은 빛과 같다.'고 생각했어요. 청소되지 않은 다른 부분을 보니 마음에 부담이 되었어요. 그래서 다른 부분들도 청소하다 보니 조금씩 더 많은 부분을 청소하게 되었어요.

– 제리 추 / 하와이 이민3세

무덤에서의 인터뷰를 마치고, 나는 혹시 그의 집을 촬영할 수 있는지 물어보았다. 그는 집이 단정하지 못하다며 거절했다. 서

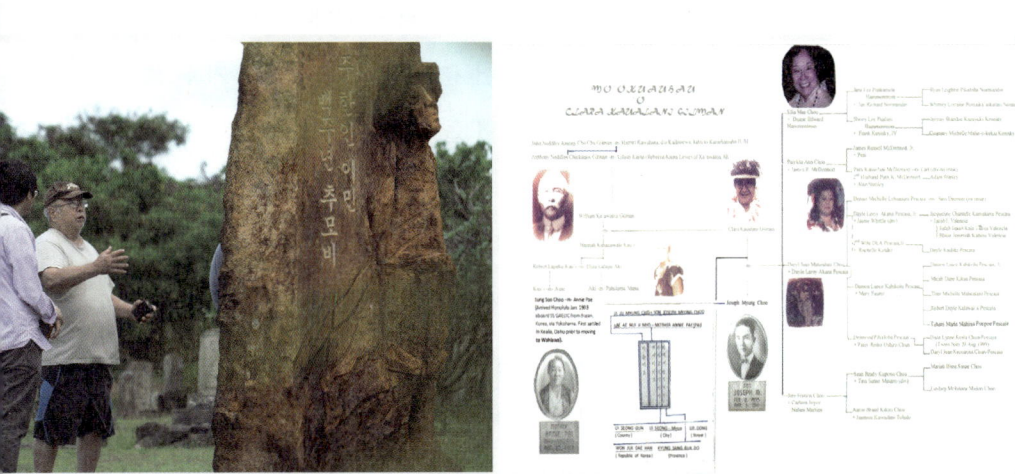

무덤에서의 제리 추, 그리고 직접 만든 제리 추의 가계도

양에서는 집을 공개하는 것을 프라이버시 침해라고 생각해서 잘 응하지 않는다는 것을 이미 알고 있었다. 하지만 그의 이야기를 길게 담고 싶은 욕심이 생겨 거듭 부탁하지 않을 수가 없었다. 결국 그의 승낙을 받아, 며칠 뒤 그의 집을 방문했다.

가장 먼저 그는 직접 그린 가계도를 가지고 와서 보여주었다. 거기에는 그의 조상들의 이름과 고향이 영어와 한글로 적혀 있었다. 한글을 모르는 그가 이 가계도를 만들기 위해 얼마나 애를 썼을지 단박에 느껴졌다.

제가 이 가계도를 왜 만들었는지 말씀드릴게요. 저희 어머니는 3년 전 101세로 돌아가셨어요. 저희 어머니가 아프기 시작하셨을 때 저는 어머니의 역사가 궁금해졌어요. 그래서 어머니의 집에 가서 어머니와 대화하기 시작했고, 어머니가 아는 모든 것들을 기록해야겠다는 생각을 했어요. 왜냐하면 돌아가시면 그 모든 이야기는 사라져버리잖아요. 아무도 알지 못하는 거에요. 그래서 가계도를 그리기 시작했어요. 어머니로부터 시작해서 뒤로 가고 앞으로 가고 그랬죠. 그래서 어머니 사진이 제일 중심에 있어요.

많은 한국 젊은이들은 자신의 조상에 대해서 생각하지 않는 것 같아요. 젊은이들은 늘 어디론가 가고 싶어 하는데 정작 어디로 가고 싶은지는 몰라요. 그런데 어디로 갈지를 알기 전에 자신이 어디서 왔는지를 먼저 알아야 해요. 자신의 역사와 조상들을 모르면서 어떻게 갈 곳을 알겠어요. 저는 제가 어디 있어야 하는지 알려면 제가 어디서 왔는지부터 먼저 알아야 될 것 같았어요.

– 제리 추 / 하와이 이민3세

제리 추는 한국말을 거의 하지 못했다. 당연히 모든 대화는 영어로 진행되었는데 한 문장씩 한 문장씩 전해지는 이 말들이 너무도 철학적이라고 여겨졌다. '젊을 때는 늘 어딘가로 가고 싶어 한다. 그리고 어디로 가는지 궁금해 한다. 하지만 어디에서 왔는가 라는 질문을 하지 않는다. 그건 당연하다. 그것은 나이 든 이들만이 던질 수 있는 질문일 것이다. 하지만 어디에서 왔는지 알아야, 어디로 가는지도 알 수 있다.'는 그의 말이 의미심장하게 느껴졌다.

하와이 촬영의 코디네이터는 환갑이 넘은 분이셨다. 그 자신도 우여곡절 끝에 하와이로 건너와 30년 넘게 살고 있으니 뿌리, 고향, 부모님에 대한 그리움이 왜 없겠는가. 그는 이미 나보다 더 '제리 추'라는 인물에 빠져들었다.

(코디) 당신의 성 '추'의 뜻은 알아요?
(제리 추) 아니요 몰라요.
(코디) '추'는 가을이라는 뜻이에요
(제리 추) 뭐라고요?

(코디)   가을

(제리 추)   굉장한?

(코디)   아니요 '굉장한'이 아니고 가을이요. 계절 가을이요

(제리 추)   가을…….

카메라 뒤에 있던 코디네이터가 어느새 출연자가 되어버렸다. '지금 카메라 앵글이 어떻지?', '이 장면을 방송에 쓸 수 있을까?' 이런 고민은 잠시 제쳐놓고, 나는 이 두 할아버지의 대화를 정겹게 듣고 있었다.

제리 추의 아버지는 그가 한 살 때 돌아가셨다고 한다. 즉, 그는 정작 한국인 아버지에 대한 기억이 전혀 없었다. 아니, 어쩌면 오히려 그 때문일 수도 있겠다. 어쩌면 그래서 그는 얼굴도 모르는 '낯선' 아버지와 그 아버지의 나라라는 자신의 '뿌리'에 더욱 집착하는지 모른다. 50세의 나이를 지나 자신의 인생이 '가을'에 접어드는 시기에 그는 갑자기 자신의 가계도를 그렸고, 버려진 사탕수수 농장의 묘지를 청소하기 시작했다. 그리고 그의 나이는 이제 '겨울'이다.

(제리 추)   제가 바라는 것이 하나 있는데, 막내 아들이 자식을 낳으면 한국 이름을 지어주고 싶어요. 딸이면 '은'이라는 글자를 넣고 싶어요. 축복이나 은총이라는 뜻인 것 같아요.

(코디) 그러면 '은숙'이나 '은옥'이 좋아요. 이 이름들은 한국에서 굉장히 인기 있어요. 아니면 '은정'도 좋고요

(제리 추) 좋아요. 뜻이 뭔가요? '은숙'에서 '숙'은 뜻이 뭐에요?

(코디) '숙'은 깨끗하다는 뜻이에요. 물이나 하늘처럼 깨끗하다는 뜻이죠. 한자이기 때문에 모든 이름에는 뜻이 있어요.

(제리 추) 오케이. 다른 거는요?

(코디) '정'은 뜻이 많아요. 꼿꼿하다는 뜻도 있어요. 인간은 항상 꼿꼿한 자세로 있잖아요. 그리고 '옥' 이건 쥬얼리 중에 에메랄드라는 뜻이에요.

제리 추 할아버지의 손녀 이름이 무엇으로 정해졌는지 알지 못한다. 사실 이런 대화를 들으면서 혹시나 이름을 '은숙'이나 '은옥', 혹은 '은정'으로 정하면 어떡하지? 한국에서는 어머니 세대의 흔한 이름인데? 하는 생각도 스쳤다. 하지만 섣불리 끼어들 수는 없었다. 코디 할아버지도 한국을 떠난 지 수십 년이 아닌가. 그리고 무엇보다, 할아버지가 어떤 마음으로 자신의 이름을 지었는지를 안다면, 손녀는 그 어떤 이름이라도 소중하게 여길 것이기 때문이다.

제리 추는 미국 공군으로 복무했고, 그의 집 선반 위 무수한 트로피가 보여주듯이 용맹한 군인이었을 것이다. 그러나 지금 그의 건강은 좋지 않아 보였고, 그렇기에 그의 뿌리에 대한 열정

에 감탄하면서도 한편으론 안쓰럽게 여겨졌다.

성공적인 촬영을 마치고, 놀랍게도 그는 다시 연락을 해왔다. 가계도를 스캔했다며 그 파일을 주고 싶어 했다. 그래서 다시 그의 집으로 갔더니 그는 USB와 함께, 사탕수수 무덤을 다룬 영문기사의 스크랩을 봉투에 넣어 주었다. 사실 스캔은 내가 해도 되고, 영문기사도 쓸지 안 쓸지 모른다. 하지만 그때는 전혀 그런 생각이 들지 않았다. 악수를 하고 고개를 들어 그의 눈을 보았다. 한없이 투명한 눈이었다.

나는 한번 상상해보았다. '설탕'을 테마로 취재하면서 미리 알지도 못했던 이 무덤을 현장에서 찾을 확률. 그리고 이 무덤에 대해 말해줄 사람을 우연히 만날 확률. 그런데 그 사람이 하필 한인 이민사의 첫 페이지를 장식하는 최초 이민자의 후손일 확률…….

나에게는 제리 추 할아버지를 만난 것은 거의 기적과도 같은 일 혹은 '운명'이라고 여겨졌다. 이런 일들을 겪게 된 것에는 어떤 의미가 있는 것일까?

4) 와이파후 플랜테이션 빌리지

제리 추 할아버지를 통해 미국 한인 이민사의 첫 시작이 하와이라는 것을 알게 되었다. 그런데 왜 아시아인들이 이곳 머나먼 하와이까지 오게 된 것일까? 하와이에 최초로 온 아시아인은 중국인이다. 1852년 광둥성에서 300여 명의 노동자들이 사탕수수밭에서 일하기로 계약하고 바다를 건넌다. 이후 30년간은 하와이 노동력의 50퍼센트를 차지할 정도로 그 수가 많았다고 한다. 중국인 다음은 일본인이다. 1886년부터 시작해서 1900년경에는 무려 3만 명을 넘길 정도로 그 수가 많았다고 한다. 그 다음으로 1903년 조선인들이 하와이를 찾은 것이다.

그런데 왜 이렇게 순차적으로 이민이 일어난 것일까? 혹시 어떤 이유가 있는 건 아닐까? 앞서 캐러비안과 남미 지역의 사탕수수 농장에 대한 이야기를 하면서 왜 굳이 머나먼 아프리카에서 일꾼을 데려왔는지 언급했었다. 그 이유는 결국 사탕수수를 키우고 설탕을 만드는 일이 중노동이었기 때문이다. 하와이에서 일어난 일도 크게 다르지 않다.

당시 노예제도는 이미 철폐되었다. 증기기관 등 농장의 기계화도 어느 정도 진행되었을 것이다. 그래도 설탕을 만드는 일은 노동자들에게 가혹한 노동을 요구했다. '노예'가 아니라 '계약'이라는 형식을 통해 서로의 합의로 일을 시작한다고 해도 현실은 지금 우리가 생각하는 것과 많이 달랐을 것이다. 힘든 일에 비해 임금이 지나치게 낮다는 걸 깨닫게 되자 노동자들은 파업을 벌인다. 이러한 대규모 파업이 중국 일본 조선으로 이어지는 순차적 이민의 이유였다. 즉, 중국인들이 단결해서 대규모 파업을 벌이자 부족한 일손을 메우기 위해 일본인들의 이민을 받아들였고, 일본인들 역시 파업에 나서자 그 다음으로 조선인들의 이민을 받아들였던 것이다.

우리가 끔찍하다고 생각하면서도 한편으론 다른 세상의 일처럼 여겼던 아프리카 흑인 노예들의 참상이 이곳에서 그대로 재현되었다. 사탕수수 농장주와 계약한 중국인 노동자들은 그들이 어디로 가는지도 몰랐다고 한다. 쿠바, 페루, 하와이로 보내졌던 그들 대부분은 자신이 금광으로 갈 것이라고 생각했지만, 생각지도 못한 사탕수수 농장에서 일해야 했다. 기록에 따르면 이들 중국인 노동자들의 절반이 학대받거나 고문을 당했으며 수족이 절단되거나 계약 기간이 끝나기 전에 죽었다고 한다. 아

사탕수수 노동자들의 마을을 재현한 와이파후 플랜테이션 빌리지의 모습

프리카 노예들과 마찬가지로 펄펄 끓는 솥에 뛰어들어 자살한 일도 있었다고 한다.

아시아의 사탕수수 노동자들이 모여 살던 마을을 그대로 재현한 곳이 있다. 하와이 본섬인 '오아후'에 있는 '와이파후 플랜테이션 빌리지(Waipahu Plantation Village)'다. 하와이에 와서 처음으로 사탕수수를 볼 수 있었다. 자그마한 사탕수수밭 옆에는 연못이 있고 그 뒤로 주거지가 펼쳐지는데 흥미로운 점은 집들이 하나하나 모두 다른 건축양식으로 지어져 있다는 것이다.

당시 사탕수수 농장에는 다양한 인종, 그리고 다양한 국적을 가진 사람들이 함께 일했는데, 농장주들은 이들을 따로 따로 살게 했다. 이를 테면, 한국인과 중국인, 그리고 일본인은 각각 그들만의 영역에서 따로 살게 했다. 농장주는 노르웨이 사람들도 데리고 왔는데, 농장의 경영이나 관리 같은 일종의 '마름' 역할만큼은 반드시 백인들이 맡아야 한다고 생각했기 때문이다. 하지만 노르웨이 사람들은 더위를 견디지 못해서 떠났고, 이들을 대신해서 데리고 온 포르투갈 사람들이 그 역할을 맡았다. 하와이 사탕수수 농장은 이런 인종적 편견 위에 형성되었다.

사탕수수 노동자들은 중심지에서 벗어난 외곽에 살았는데, 집만 보면 어디 출신인지 알 수 있었죠. 한국인들은 텃밭에 상추, 무를 키우고 마당을 보면 김치를 담그는 큰 용기를 볼 수 있죠. 즉, 김

장독이 있으면 한국인이죠. 반면 필리핀 사람은 마당을 보면 필리핀에서 갖고 온 과일들을 볼 수 있고요. 일본인은 일본식으로, 중국인들은 중국식으로 저마다 집을 꾸몄어요.

처음에는 그렇게 따로 살았지만 나중에는 서로의 문화를 주고받았어요. 그러한 것들이 지금의 하와이를 만드는 데 큰 영향을 줬죠. 음식 문화에도요. 예를 들어 사탕수수 노동자들이 점심 한 접시를 받으면 밥 두 주걱, 생선, 김치, 마카로니 샐러드가 있었어요. 왜일까요? 다양한 이민자들이 모두 먹을 수 있도록 만든 거죠. 바로 이것이 하와이가 특별한 이유죠. 모두가 모두와 함께 더불어 살아요.

일본인은 쌀과 국수를 가지고 왔고 한국인은 우리에게 김치와 갈비를 소개시켜 줬죠. 지금 이곳에서 그 음식들이 왜 그렇게 유명하겠어요? 당시 그늘 아래 항상 같이 둥글게 앉아서 다양한 인종들이 나눠 먹었기 때문이죠.

그러다 제2차 세계대전이 발발했죠. 그때 스팸이 모두에게 무료로 보급되었어요. 김 위에 스팸을 올리고 그것을 싸면서 무스비가 등장했어요. 한때 하와이의 세븐일레븐에서는 하루에 7만 개의 무스비를 팔았어요. 정말 많은 사람들이 스팸을 먹었어요.

가난하면 독창적으로 변해요. 당시에는 음식이 없으니까 땅에서 자라는 모든 걸 가져다 한데 합치죠. 한국인이 오기 전에는 고추장이 없었어요. 중국인들이 오기 전에는 고추기름이 없었어요. 일본인들이 오기 전에는 간장 소스를 갖고 있지 않았어요. 파티스 같은 생선 소스는 필리핀인들이 오기 전까지 갖고 있지 않았어요. 우리의 음식을 보면, 그 모든 재료들로 하와이안 스타일의 음식을 만드는 걸 볼 수 있습니다.

— 라나이 타부라 / 해설사

와이파후 빌리지를 안내해준 라나이 타부라 씨는 하와이 이민 4세인데 그 자신이 '인종의 비빔밥(Melting Pot)'이다. 그에게는 이탈리아, 중국, 필리핀, 하와이 인종이 모두 섞여 있는 것이다. '순혈주의'와 정반대인 혈통을 그는 매우 자랑스럽게 생각하고 있었다. 이런 정신은 하와이인이라면 모두가 공유하는 것이다. 하와이를 대표하는 음식 중 하나인 '무스비'처럼, 하와이는 여러 나라의 문화를 섞어 독특한 하와이안 스타일을 만들어냈기 때문이다.

하와이의 상징 중에는 무지개도 있다. 하와이를 질주하는 많은 자동차들이 무지개 번호판을 달고 있다. 하와이를 찾은 관광객들도 무지개 번호판을 사서 갈 정도다. 하루에도 몇 차례씩 바뀌는 섬나라의 다채로운 기후 탓에 무지개를 자주 볼 수 있어서 그렇다는 설도 있다. 하지만 또 하나의 유력한 설은, 일곱 가지 색깔이 어우러져 아름다운 하나의 무지개가 되는 것처럼 다양한 인종이 어우러져 독창적인 문화를 만들어내는 곳이 하와이기 때문이라는 것이다.

5) '사진 신부'와 고향의 노래

가혹한 노동조건 때문에 중국, 일본, 한국 순으로 대규모 이민이 연쇄적으로 일어났다. 하지만 아무리 가혹한 곳에도 '사랑'이 있고 '가족'이 있어야 한다. 대부분 건장한 젊은 남성들인 이들이 하와이 생활에 어느 정도 익숙해지고 나이가 들자 곧 이들의 결혼이 사회적 문제가 되었다. 어디서 그들의 신부를 구할 것인가!

하와이에서는 아시아인과 결혼할 이들을 찾기가 어려웠다. 그

한인교회, 그리고 성가대의 모습

렇다고 태평양을 다시 건너가서 직접 신부를 데려오기에는 시간이나 비용이 만만치 않았다. 결국 전문 브로커를 통해, 오로지 신랑의 사진 하나만 들고 신부들이 태평양을 건너왔다. 이른바 '사진 신부(Picture Bride)'들의 이야기다.

이민 초기에 하와이로 온 남자들 중에는 신식교육을 받은 사람이 드물었다. 반면 사진 신부들은 신식교육을 받은 이들이 많았다. 주로 교회를 통해 신식교육을 받은 여성들은 새로운 나라, 새로운 문명에 대한 기대를 품고 배를 탔을 것이다. 하지만 환상은 참혹하게 깨어졌다. 그들을 불러들인 남편들은 나이가 너무 많았고, 평생 중노동에 시달린 이들이어서 거칠고 억셌다. 그래서 이혼하는 경우도 많았고, 나이 차이 때문에 남자들이 일찍 죽는 경우도 많아 사진 신부들은 2~3번 결혼하는 경우가 흔했다.

사진 신부에 대한 보다 생생한 이야기를 듣기 위해 하와이의 한인기독교회를 찾아갔다. 이 교회는 1918년 7월 29일 이승만 대통령이 설립한 유서 깊은 교회이다. 김기태 목사님의 허락을 받아 예배를 촬영하고 식당에서 할머니 할아버지들의 인터뷰를 시작했다.

어머니가 몇 년도에 오셨는지 모르지만, 배를 타고 오셨어요. 그리고 그녀가 가지고 온 제 아버지 사진은 그녀의 전부였어요. 그런데 아버지가 보낸 그 사진은 실제 나이보다 20년 젊은 사진이었어요. 아버지는 이미 나이가 많이 들어 있었죠. 하지만 어머니는 그 사실을 모르셨어요.

어머니가 하와이에 도착했을 때 사진을 보고서는 아버지를 찾을 수가 없었어요. 그때 아버지가 다가왔고, 어머니는 '나빴다'고 말했어요. 어머니는 18살이었고 아버지는 40살이었으니까요. 소위 '사진 신부'였어요. 그 당시에는 다 그랬어요.

아버지는 매우 가난했어요. 그리고 아버지는 고아였어요. 어머니는 7명의 딸을 낳으셨고, 제가 그 중 한 명이었고요. 매우 가난했죠. 제가 4살 때 아버지는 돌아가셨어요. 53세셨죠. 그때 심각한 결핵이 돌았거든요. 그 후로 어머니는 하와이에서 매우 힘든 시간을 보내야만 했어요. 2~3가지의 일을 해야만 했고 두 명의 언니들은 학업을 포기해야 했어요. 가정부로 일하기에는 너무 어린 나이였죠. 그래서 모두가 하와이에서 아주 힘든 시간을 보냈죠.

아버지는 사탕수수밭에서 일을 하셨어요. 하지만 기억이 그리 많지는 않아요. 제가 어렸을 때 돌아가셨으니까요. 제 어머니는 가정부로 일하고 물건도 팔고, 진짜 우리를 먹여 살리기 위해 모든 걸 하셨어요. 당시 사진 신부들 대부분이 그들보다 20살 더 많은 사람과 결혼했어요. 상상이나 할 수 있겠어요? 하지만 그녀들은 한국에 돌아갈 수 없었어요. 돌아갈 돈도 없었어요. 제가 얘기를 나눴던 대부분의 한국 여성들이 그랬어요. 와서 다 늙은 한국인들과 결혼했어요.

— 샐리 킴 할머니 / 하와이 이민3세

Q. *그들은 행복한 생활을 보냈나요?*

아니요. 그리 좋은 인생이 아니었어요. 돈도 없고 항상 고생하고…… 제 어머니는 정말…… 슬픈 현실과 맞닥뜨렸어요. 너무 가난했고 아버지가 일찍 돌아가셨거든요. 하지만 다른 가족들은 달랐을 수도 있어요

Q. *당신 아버지에 대한 에피소드를 들어본 적 있나요?*

그거 알아요? 나는 아버지를 전혀 기억하지 못해요. 그가 돌아가셨을 때 전 4살이었거든요. 그는 항상 아팠어요. 하지만 제 어머니는 건강했어요. 그녀는 89세로 돌아가셨어요.

Q. *오래된 한국 노래에 대해 알아요? 어머니가 부른 거라던가...*

제 어머니는 "내 고향을~ 이별하고……"라는 노래를 불렀어요. 그거 다음 부분은 잘 몰라요. 가끔 어머니께서 부르셨어요. 슬픈 노래였죠. 그녀 혼자서 부르고 전 듣고요. 저는 가사를 몰라도 항상 그게 슬픈 노래였다는 걸 알아요. "내 고향을 이별하고~" "홀로 앉아서~ 생각을 하네……" 슬픈 노래요. 그러면 엄마는 울기 시작해요. 다시 고향으로 돌아가고 싶어 하는 것 같았어요.

— 샐리 킴 할머니 / 하와이 이민3세

2년에 걸친 촬영을 하면서 가장 뭉클했던 순간을 꼽으라면 바로 이때였다. 당연한 이야기지만 샐리 할머니는 유창한 영어

로 우리와 대화했다. 한국어를 거의 모르셨다. 하지만 이 노래의 가사만은 또렷하고 정확한 한국어 발음이었다. 얼마나 많이 듣고, 얼마나 깊이 각인되었으면 그럴까. 오랜만에 이 노래를 부르면서 다시 어머니를 떠올리셨을 것이다. 할머니는 눈가가 촉촉해졌다.

샐리 킴 할머니의 기억은 정확했다. 한국에 돌아와서 찾아보니 어머니가 부르셨던 노래는 1916년에 만들어진 〈내 고향을 이별하고〉라는 곡이었다.

내 고향을 이별하고 / 작자 미상

내 고향을 이별하고 타관에 와서

적적한 밤 홀로 앉아서 생각을 하니

답답한 마음

아 - 누가 위로해

우리 집을 떠나올 때

내 어머님이 문앞에서 눈물 흘리며

잘 다녀오너라 하시던 말씀

아~ 귀에 들린다

우리 집서 머지 않아 조금 나가면

작은 시내 졸졸 흐르며

어린 동생들 놀던 그 모양

아~ 눈에 암암해

중천으로 날아가는 저 기러기 기러기 떼야

너 가는 길 그리 바쁘냐

나의 회포를 우리 부모께

아~ 전해 주렴아

아~ 전해 주렴아

하와이 독립선언서와 대한 부인 구제회의 모습

하와이의 사탕수수밭과 노동자들의 모습

　한국인 사진 신부들의 삶은 이처럼 각박했지만, 놀랍게도 그들은 조국의 독립운동을 지원했다. 하와이의 여성들은 1908년 '신명 부인회'를 시작으로 여러 단체를 만들어 활동했는데 1919년 3.1운동에 대한 소식을 듣게 되자 '부인 구제회'를 새롭게 출범시켰다. 이 조직을 통해 모금을 하고, 옷을 만들어 팔아 모은 자금까지 더해서 상해 임시정부와 만주 독립군을 후원했다. 이들이 하와이에서 만든 독립선언서가 지금까지 전해지고 있다.

이들이 독립운동을 지원할 만큼 높은 사회 의식을 가졌던 것은 앞서 말한 것처럼 그들이 신식교육을 받은 식자층이었기 때문일 것이다. 어려운 환경에서도 자식들을 훌륭히 교육시키고 독립운동을 후원한 그들은 진정으로 위대한 어머니들이다.

하와이 이민자들의 삶, 특히 사진 신부들과 같은 여성들이 맞아야 했던 곤궁한 삶은 일본의 경우에도 마찬가지였다. 일본에는 특히 〈홀레홀레 부시〉라는 일종의 노동요가 오늘날까지 전해지고 있다.

이 노래는 남자 여자 다 불렀지만 특히 여성들과 관련이 높은데 아마 여성들이 재배 현장에서 이 노래를 만들었다고 생각되기 때문이죠. '홀레 홀레'는 하와이어로, 줄기에서 잎을 떼는 걸 뜻해요. 그리고 이 일은 여성들이 많이 했었어요. 비교적 가벼운 작업으로 여겨졌기 때문이죠. '부시'는 일본어에요. 히로시마의 야마구치 지역에서 불렀던 노래의 한 유형이에요. 하와이에 온 일본 이민자들이 그쪽 지역에서 많이 왔거든요.

<홀레홀레 부시>의 가사는 4줄로 되어 있는데 다양한 주제가 들어있어요. 가장 흔했던 가사는 하와이에서의 불행한 삶과 순탄치 않은 결혼 생활을 담고 있는 것이에요. 일부의 가사에는 성적인 내용이 포함되어 있었고, 하와이에서의 열악한 노동 환경에 대한 비판과 저항을 표현한 것도 있어요.

<홀레홀레 부시>에 대한 책도 있어요. 5년 전에 출판되었어요. 해리 우라타(Harry Minoru Urata)라는 사람이 있는데 그는 하와이에서 태어난 일본계 미국인입니다. 그는 전쟁 이전에 일본으로 돌아갔다가 다시 하와이로 돌아온 사람이죠. 해리는 일본어를 굉장히 잘했어요. 밴드의 리더이기도 했으니까 노래도 잘 했겠죠. 그래서 그는 200개 이상의 <홀레홀레 부시>를 수집했어요. 섬 전체에서요. 그리고 프랭클린 오도(Franklin Odo)라는 일본계 미국 작가가 그 가사들을 읽고 영어로 번역해서 책을 낸 겁니다.

— 오카무라 / 하와이대 인류학 교수 (이민 4세)

Q. 혹시 이 노래를 불러줄 수 있나요?

노래를 몰라요. 그리고 저는 일본어도 할 줄 몰라요. 하지만 비디오 테이프가 있어요, 30년도 더 된건데 '아사쿠라'라는 분이 노래를 부르는 영상이에요.

— 오카무라 / 하와이대 인류학 교수 (이민 4세)

하와이 대학교의 자료실에서 들어본 <홀레홀레 부시>는 굉장히 슬펐다. (유튜브에서 'holehole bushi'로 검색하면 유사한 노래들을 들어볼 수 있다.) 가냘픈 목소리로 할머니가 부르는 이 음률을 들으면서, 샐리 킴 할머니를 비롯해서 하와이에서 들었던 모든 이야기들이 하나로 합쳐지는 듯한 느낌이 들었다. 아마 우리의 '어머니'들도 하와이의 사탕수수밭에서 노동요를 불렀을 것이다. 그리고 이처럼 슬펐을 것이다. 그런데 우리는 그 노래들을 기록하지 못했고 후세에 전하지도 못했다.

사실, 사진 신부에 대해서는 《하와이의 사진 신부 천연희의 이야기》라는 엄청난 책이 있다. 1915년, 19세의 나이로 하와이에 건너간 사진 신부 천연희는 말년에 자신의 일생을 24개의 녹음테이프와 7권의 노트에 기록했다. 천연희는 자신의 일상생활뿐만 아니라 한인사회의 동향과 독립운동단체의 활동, 이에 대한 정치적 의견 등을 노트에 솔직하게 써 나갔다. 이 책은 천연희가 남긴 노트 7권의 원문을 현대어로 옮기고, 그에 대한 해제와 역주까지 망라한 역작이다.

나는 하와이 현지 취재 중 바로 그 천연희 씨의 딸이 생존해 있다는 이야기를 듣고 흥분했다. 하지만 건강상의 이유로 만남을 고사하셔서 결국 섭외하는 데는 실패했다. 나는 설탕에 대한 문명 다큐멘터리를 완성하고 나서도, 하와이의 사진 신부들의 이야기만 따로 다큐멘터리로 만들고 싶었다. 그러나 아직도 뜻을 이루지 못하고 있다.

사진 신부 1세대는 모두 사라졌고, 그들의 딸인 2세대도 이미 나이가 많다. 이들의 이야기를 들을 시간이 그리 많지 않다. 더 시간이 지나기 전에 누군가는 이들의 삶과 노래를 기록하는 작업을 했으면 하는 바람이다. 영원히 기회를 잃기 전에 말이다.

이 프로젝트를 시작하고 촬영에 들어가기 전까지 오랜 준비 기간이 있었음에도 나는 미국에 대한 우리나라의 첫 번째 이민이 하와이라는 것을 알지 못했다. 그들이 사탕수수 노동자로 일하기 위해 왔다는 것도 알지 못했다. 아예 '사진 신부'라는 단어조차 처음 들어보았다.

하와이에서 만난 이야기들은 내가 의도했던 것이 아니었다. 제리 추 할아버지를 만난 기적처럼, '사진 신부' 역시 운명처럼 주어진 것이라고 생각한다. 결국, 수백 년이라는 '시간'과 유럽과 아메리카 대륙이라는 '공간'을 가로지르며 '설탕'이라는 하나의 렌즈를 통해서 들여다 본 이 모든 일들은 우리와 상관없는 이야기가 아니었다!

이 모든 이야기들을 우리 자신의 이야기로 처음부터 다시 읽어야 한다는 깨달음을 주었다. 2년에 걸친 대장정의 마지막은 하와이였고, 이것은 결코 우연이 아니었던 것이다. 꽤 괜찮은, 마음에 드는 마침표였다.

에필로그

-성찰의 문명을 기대하며

원래의 설탕은 갈색이다

오직 촬영이 마무리되었을 뿐, 그로부터 또 지난한 편집과 후반작업이 남아 있었다. 보통 다큐멘터리는 2부작이 많다. 혼신의 힘을 다해 1부를 만들고, 여력을 끌어모아 그다음 주에 가까스로 2부를 방송한다.

그런데, 이건 4부작이었다! 마지막 4부를 마무리할 즈음에는 끌어모을 힘이 없었다. 내 인생에 혼자서 4부작을 하는 일은 다시는 없을 거라고 몇번이고 결심했다. 그래도 이 대장정의 마지막을 장식하는 4부의 마지막 멘트를 정하는 순간에는 긴장하지 않을 수 없었다. 문명 다큐멘터리에 '결론'이라는 게 달리 있겠는가! 그저 이렇게 마무리 원고를 적었다.

창고에 산처럼 쌓여 있는 갈색 원당

설탕은 생각해보면 매우 특별한 물질이다. 공장에서 정제된 설탕은 순도가 거의 100퍼센트에 가까울 정도로 순수하고, 눈부시게 하얗다. 형태도 균일하다. 그리고 무엇보다 '달콤'하다.

하지만 이런 매력적인 이미지 뒤편에는 잔혹한 대비가 자리한다. 흑인들은 납치, 강제 이주, 감금, 폭행, 살인을 겪는다. 백인들은 설탕공예와 커피, 차와 같은 음식 문화를 넘어 민주주의와 산업혁명을 이루고 그 달콤함을 만끽한다. 이보다 더한 대비가 있을까.

그런데 '설탕은 희다'는 것이 당연한 진리일까? 우리나라 대기업 설탕공장에는 설탕의 원재료가 되는 '원당'이 쌓여있는 창고가 있다. 체육관처럼 어마어마한 규모의 창고 안으로 들어서면 눈 앞에 펼쳐지는 것은 거대한 설탕의 산이다. 그런데 그 산은 흰색이 아닌

갈색이다! 즉, 원래 설탕의 모습은 '갈색'인 것이다. 그리고 사탕수수가 뿌리 내린 그 토양에 따라 원당은 맛과 향이 제각각 다르다. 그런 다양성이 사라지고 오직 새하얀 설탕만 존재하는 것이 과연 당연한 것일까.

설탕의 역사는 우리에게 착취와 폭력 그리고 획일성이 지배해온 '야만의 역사'를 보여주었다. 이제 우리는 설탕 알갱이 한 알에 담긴 이 이야기에 귀를 기울여야 한다. 그래야 착취와 폭력에 기대지 않는 새로운 문명의 시작이 되지 않을까?

| 작가의 말 |

끝나지 않는 설탕 이야기

 때론, 프로그램이 스스로 운명을 개척해 나가는 하나의 살아 있는 생물처럼 여겨지기도 한다. 다소 장황하긴 하지만 아래의 과정을 보면 이해가 될 것이다.
 2018년 겨울, 스페셜 방송까지 5주를 연달아 방송하고는 탈진해서 마냥 쉬고만 싶었다. 다큐멘터리 자체를 아예 하지 않으려 했다. 하지만 인생은 뜻대로 되지 않는다. 나는 바로 연이어 《포비든 앨리》라는 새로운 연작 시리즈 다큐를 기획하고 그 중 네 편을 직접 제작해야 했고, 《대한해협》이라는 한일 다큐멘터리 2부작도 제작해야 했는데, 심지어 이 두 개의 프로젝트를 같은 주에 방송해야 하는 일정이 잡혀 있었다. 나는 거의 미칠 지경이 되었다. 결과적으로 나는 2017년부터 2023년까지 꼬박 7년 동안, 한 해도 거르지 않고 매년 비슷한 나날을 보내게 되었다.

그런 바쁜 나날 중에 설탕 프로젝트는 잊혀져 가는 것 같았다. 그러던 중 몇 개의 상을 받았는데 특이한 것은 미국 휴스턴 영화제에서도 수상한 것이다. 사실 이건 별 그리 놀라운 일은 아니다. 검색해 보면 한국의 수많은 프로그램들이 이 상을 받았다. 하지만 이 상 덕분에 나는 태어나서 처음으로 혼자 해외여행을 하게 되었다. 아래는 그때의 기록이다.

제52회 휴스턴 국제영화제에서 심사위원특별상 수상 장면

2019년 4월 9일 김해공항 라운지.

휴스턴 영화제로 가기 위해 이곳에 있다. 결국 '설탕'은 나에게 많은 보답으로 다가왔다. 여러모로 내 생애 첫 다큐멘터리였던 《0.88의 자화상》을 떠올리게 했다. 그때도 첫 번째 상은 '이달의 좋은 프로그램'이었다. 이번에도 역시. 첫 번째 상은 정말 기분이 좋다. 그리고는 휴스턴. 아마 일찍 연락이 왔다면 그리 기쁘지 않았을 것 같기도 하다. 소식이 없어서 '못 받을 수도 있구나' 여겨질 때쯤 연락이 와서 더욱 기뻤다. 미국까지 갈 수 없는 경우도 많은데, 나는 회사 선배들의 따뜻한 배려로 이렇게 가게 되었다. 급하게 가느라 하루 전날에야 호텔과 렌트카를 예약하고. 이렇게 준비 없이 훌쩍 여행을 떠나는 건 처음이네.

'여행?' 그래 생각해 보니 진짜 여행이다. 혼자서 차를 렌트하고 여기저기를 다니는 그런 여행이다. 촬영과 완전히 다른. 나는 무엇에도 매여 있지 않고, 정산할 필요도, 누군가를 기다릴 필요도, 신경을 곤두세우고 보살펴야 할 필요도 없다. 마치 '피정'과 같다. 나는 내 영혼과, 나의 신과만 대화할 수 있다. 아니 그렇게 대화하여야 한다. 그리고 그 안에서 쉬고 싶다.

4월 10일

비행기는 생각보다 너무 시끄러웠다. 계속 잤다. 아무것도 할 수가 없었다. 추웠다. 입국심사는 어떤가. 한 시간은 족히 서 있었던 것 같다. 자동차 렌트. 그리고 떨리는 마음으로 첫 운전. 조금 헤매다가 숙소 발견. 카운터에 사람이 없어서 앱으로 체크인. 아침 식사는 만족. 과일이 있어 좋았다. 이제 길을 나서야 한다. 오늘은 NASA를 둘러보고, 시상식 때 입을 양복을 사야 한다. 기도를 시작했다. 《The Purpose Driven Life》를 읽기 시작했다. 비록 7일이라도 매일 읽으면 좋겠다.

4월 11일

NASA는 처음엔 괜히 왔다 싶었지만 곧 적응이 되었다. 삶이 힘들 때 우주를 바라보는 것은 좋은 일이다. 전반적으로 몸이 안 좋았다. 춥고, 배가 고프면서도 배가 불편함. 그러다 대구 MBC 사람들을 만났다. 고작 맥주 2병을 마시고 알딸딸해져서 돌아왔다. 대구의 PD 선배가 했었다는 작업들(도서관 기행. 그리고 쌀 다큐멘터리)과 선배가 일하는 스타일이 인상적이었다. 일본, 심지어 유럽에서도 직접 운전을 하고 대중교통을 이용하는 대신 작가를 해외까지 데려가는 방식이 참으로 인상적이었다. 심지어 상을 받으러 오는 이 여정을 위해서 '자료집'까지 만드는 그 준비와 자세, 열정. 참으로 놀라운 선배였다!

4월 12일

아침 식사는 버거킹. 영화제 사무실에 들러 등록하고, 갤러리

아를 둘러보고 '쉑쉑버거'를 먹고 허먼 파크에 한참 누워 있었다. 허먼 파크! 정말 좋았다. 하와이 마지막 날의 잔디밭에서 일지를 쓰던 나의 모습이 떠올랐다. 시간과 시간이 이렇게 연결되는 것인지⋯⋯. '대한해협'의 촬영을 앞두고 힐링과 충전이 되는 시간이었다. 돌아가면 맨발로 걷고 현미와 야채를 먹고, 아이들을 잔디 위에 두는 그런 시간이 많아지기를. 그렇게 자유로운 몸과 걸음으로 깔깔거리며 뛰어다니게 하기를. 아이들이 아직 어린 지금 이 시기에 최대한 많이! 부디 그랬으면 한다.

4월 13일

아. 이제 출발 5분전⋯⋯. 고맙습니다. 이 사람들과 함께 해서, 힐링의 순간들이 있었어요. 고맙습니다!!

휴스턴 여정은 아마 실제로는 분명 고단했을 것이다. 여정도 짧거니와 처음으로 해외에서 혼자 여행한다는 게 쉽지 않았다. 운전하는 내내 신경이 쓰였고, 밥을 먹거나 돌아다닐 때도 위축되었다. 시상식도 엄청나게 지루하고 괴로웠다. 그럼에도 나는 이 휴스턴 일정 내내 감사하는 마음이었다. 기나긴 설탕 프로젝트에 대한 내 나름의 '보상'으로 여겼고 '쉼'이라는 단어를 계속 생각했다.

그 대표적인 장면이 '허먼 파크'였다. 광활한 잔디밭 위에 현지 주민들과 아이들이 평화롭게 쉬고 있었다. 애정행각을 벌이는 커플들도 있었던 것 같다. 나도 그곳에 앉았다가 드러누웠다가 한가로이 시간을 보냈다. 그러다 문득 나는 내 신발을 사진으로 남겼다. 아프리카 베냉의 단톡파 시장에서 묻은 황토색 진흙이 아직까지 남아 있었다. 2년 동안 10개국을 다녔던 신발. 사진을 찍는 행위는 하나의 의식이었고, 마침내 이로써 설탕 여정이 끝났다는 것을 실감했다.

이렇게 해서 나의 설탕 프로젝트는 완전히 끝났다고 생각했다. 그런데 2021년, 갑자기 한 외주사에서 연락이 왔다. 혹시 기존 설탕 다큐멘터리 4부작을 영화 버전으로 재편집할 수 있냐

2년 동안 10개국을 다녔던 신발

고 물어왔다. '다큐멘터리'보다 '영화' 카테고리로 유통하는 게 판매가 더 잘 된다는 이유였다. 나는 알겠다고 했다. 각각 다른 주제로 네 편을 만들면서 중복되는 그림들이 있다는 걸 알고 있던 터라 4부작을 컴팩트하게 하나로 합치는 작업이 재밌을 것 같아서였다. 그렇게 해서 오랜만에 이 다큐멘터리를 다시 볼 수 있었다. 스스로는 꽤 마음에 들게 편집이 되었다고 여겨 파일을 넘기곤 잊고 있었다. 그런데 몇 달 뒤 "부산 푸드필름 페스타"에 초청되었다고 연락이 왔다.

놀라운 것은 장소였다. 영화의 전당! 부산에서 활동하는 PD들은 누구나 부산국제영화제를 취재해 본 경험이 있다. 영화의 전당을 거닐며, 언제가 내 작품이 여기서 상영되는 상상을 해보지 않은 이가 있을까. 그런데 그 꿈이 이뤄지는 것이다! 부모님과 가족들을 영화관으로 초대할 수 있었다. 게다가 푸드필름 페스타 운영위원장이자 맛 칼럼니스트인 황교익 씨와 GV(관객과의 대화)까지 진행했다.

영화가 상영되는 내내 두리번거리며 사람들의 반응을 살폈다. 관객들의 감동 어린 표정을 기대했다거나 그런 건 아니다. 각자 텔레비전 수상기 앞에서 봐왔을 '시청자'들이 이렇게 한 자리에 모여 내가 만든 영상을 보는 그 자체가 신기해서 기억에 남겨 두고 싶었던 것이다.

그러다 한 출판사에서 설탕 프로젝트를 책으로 만들자는 제

부산 푸드필름 페스타에서

의를 해왔을 때 나는 또 한번 깨달았다. '이 프로그램은 마치 살아있는 생물처럼 제 앞길을 스스로 이끌어가는구나! 과연 어디까지 갈 것인가?' 나는 내 의지와 아무런 상관없이, 나의 노력 없이 그저 주어지는 이 신비로운 일들에 경의를 표하며 겁도 없이 출판 제의를 수락했다.

나는 역사를 전공하지도 않았고 서양사와 설탕에 대해 평생을 바쳐 공부한 사람이 아니다. 그저 방송사 PD로 일하며 3-4년 관련된 책을 뒤져 보고, 10개국을 방문하여 촬영한 게 전부다. 꼼꼼한 전문가의 눈으로 살펴보면 한 페이지가 넘어가기도 전에 무수한 역사적 오류들이 발견될 것이다. 그러니 내가 쓴 이 글은 본질적으로 '에세이'일 수밖에 없다.

'문명 다큐멘터리'라는 버거운 프로젝트를 고스란히 혼자 떠안고 좌충우돌한 이야기, 평소에 들어본 적도 없는 그런 나라들을 둘러본 여행 이야기라고 생각하니 조금은 편안하게 글을 쓸 수 있었다. 그런 가벼운 에피소드들을 통해 독자들이 싱긋 웃거나 마음이 조금이라도 따뜻해진다면 아주 기쁠 것 같다. 하지만 그런 마음만 가지고 출판 제의를 수락한 것은 아니다. 가벼움 속에 묵직한 것 하나를 전하고픈 마음이 있었다.

그건 이 프로젝트를 진행하면서 내가 느꼈던 깨달음을 공유하고 싶다는 것이다. 설탕이 세상을 송두리째 바꾸었는지는 단언할 수 없지만, 설탕을 만들기 위해 많은 이들이 피와 땀을 흘렸다는 것은 분명한 사실이다. 그리고 그건 지독한 아이러니다. 왜냐하면…… 설탕은 달기 때문이다. 설탕이 달콤하지 않았다면 아이러니가 성립되지 않는다. 이토록 하얗고 이토록 순수한 결정체. 게다가 달콤하기까지 한 이 물질을 만들기 위해 그토록 쓰디쓴 잔혹함이 있었다는 것. 그리하여, 앞으로 한 잔의 차에 설탕을 넣을 때마다 역사가 주는 이런 메시지도 함께 음미하면 좋겠다.

그리고 이 모든 이야기들이, 우리와 상관없는 역사책 속의 낡은 이야기가 아니라는 것이다. 우리 할머니 할아버지들이 태평양 건너 하와이에 남긴 '한의 노래'들이 우리를 기다리고 있다. 그것들은 글과 영상으로 기록되어야 한다. 결국, 생물처럼 설탕 프로젝트가 진화해 가는 것은 이를 위한 섭리가 아닐까? 이 말을 건네고 싶은 것 아닐까?

개인적으로도 이 책은 큰 의미가 있다. 이 세상에 '내 책'이 생긴 것이다. 하지만 책을 쓰는 일은 생각보다 몇 배나 힘들었다. 같은 주제로 다큐멘터리를 만들었던 경험이 있으니 적당히 살을 보태면 되지 않을까 하는 처음의 생각과 달리 완전히 새로운 창조에 가까웠다.

어린 시절, 글쓰기를 좋아했고 참 많이도 끄적였다. 내가 모든 것을 다 잃어도 펜 하나만 있다면 얼마든지 살아갈 수 있을 것 같다는 황당한 상상도 즐겨 했다. 하지만 문득 정신을 차려보니 지금의 나는 10대 시절의 빛나는 감성을 다 잃어버린, 40대 후반의 아저씨였다. 지난 세월 남들보다 책을 더 읽지도 않았고, 진지하게 글을 쓴 것이 언제인지 기억도 나지 않는다. 이런 내가 단박에 매끄러운 글을 쓴다는 것은 터무니없는 자만이었다.

회사가 이사를 하는 바람에, 우리나라의 첫 번째 설탕공장이었던 바로 그 자리를 매일 보며 출퇴근 해야만 했다. 볼 때마다 혼나는 느낌이었다. 그렇게 1년을 시달린 끝에, 예정했던 시간을 훌쩍 넘겨서 조금씩 글들이 모아졌다. 매일 글을 쓰는 흐름에 익숙해졌고 때로는 글쓰는 것이 즐겁다는 생각까지도 새어 나오기 시작했다. 기왕 생긴 이 루틴이 이어지기를 바라본다.

마지막으로, 꼭 전해야 하는 말들이 있다. 천지사방을 돌아다니는 동안 정말 완벽하게 가정을 지켜준 와이프, '아빠 보고 싶어' 서럽게 외치는 동영상을 찍어 보낼 때도 있었는데 이제는 다 커버린 서윤이와 승아, 가성비 없는, 그렇기에 결코 충분히 보답할 수 없는 사랑을 베풀어주신 부모님과 누나들과 함께 이 책의 탄생을 기뻐하고 싶다. 또 맘껏 제작할 기회를 주신 홍유선 선배 외 PD 선후배님들, 그 힘든 여정을 오롯이 함께 보낸 신승욱, 주동욱 카메라 선후배님, 그리고 세계 각국의 유능한 코디님 외 스태프들에게도 감사 인사를 전한다. 마지막으로 나에게 글을 쓰는 삶을 보여주신 이승희 선생님, 그리고 이 모든 과정의 시작과 끝을 함께 한 출판사의 일구 형에게도 감사의 마음을 전한다.

| 참고문헌 |

- 가와기타 미노루, 장미화 역, 『설탕의 세계사』, 검둥소, 2003
- 데이비드 코딩리, 김혜영 역, 『낭만적인 무법자 해적』, 루비박스, 2007
- 마크 애론손 마리나 부드호스, 설배환 역, 『설탕, 세계를 바꾸다』, 좋은책만들기, 2013
- 브렌다 랄프 루이스, 김지선 역, 『그림과 사진으로 보는 해적의 역사』, 북&월드, 2008
- 시드니 민츠, 김문호 역, 『설탕과 권력』, 지호, 1998
- 올라우다 에퀴아노, 윤철희 역, 『에퀴아노의 흥미로운 이야기』, 해례원, 2013
- 윌리엄 더프티, 최광민 이지연 역, 『슈가 블루스』, 북라인, 2012
- 윌버 보스마, 조행복 역, 『설탕』, 책과 함께, 2024
- 웨인 패터슨, 정대화 역, 『아메리카로 가는 길』, 들녘, 2002
- 주경철, 『대항해시대』, 서울대학교 출판부, 2008
- 주경철, 『문명과 바다』, 산처럼, 2002
- 칼 폴라니, 홍기빈 역, 『다호메이 왕국과 노예무역』, 길, 2015
- 케네스 포메란츠, 스티븐 토픽, 박광식 역, 『설탕, 커피 그리고 폭력』, 심산, 2003
- 피터 라인보우, 마커스 레디커, 정남영 손지태 역, 『히드라』, 갈무리, 2008

| 인터뷰한 학자들 |

- Ivan Day : Food Histirian (UK)
- Suzanne Schwarz : Professor. University of Worcester
- Margarette Lincoln : Professor. (served. Ceo of Maritime Museum / Gold Smith University of London)
- Madge Dresser : Professor. UWE Bristol
- Lisa Tomlinson : The University of the West Indies, Mona, Jamaica, Institute of Caribbean Studies
- Yao Keisuke : Professor. University of Kitakyushu
- Gary Pak : Professor. English. University of Hawaii
- Jonathan Okamura : Professor. Ethnic Study. University of Hawaii
- Hettie Shonfeldt : Professor. Food Nutrition. University of Pretorea. Sauth Africa
- Samuel Ntewusu : Professor. University of Ghana.
- Elizabeth Farina : President of Brazil sugar industry association
- Jose Maria : Director of CNCA(Cuba)

| 사진출처 |

※ "별도 출처 표기가 없는 사진은 모두 부산mbc 소유입니다."

- 009 - 게티이미지뱅크
- 024 - 위키피디아
- 026 - 위키피디아
- 029 - 위키피디아
- 059 - CJ홍보팀
- 061 - CJ홍보팀
- 062 - CJ홍보팀
- 092 - 위키피디아
- 120 - 게티이미지뱅크
- 122 - 게티이미지뱅크
- 123 - 게티이미지뱅크
- 153 - 위키피디아
- 187 - 위키피디아
- 188 - 위키피디아
- 189 - 위키피디아
- 191 - 위키피디아
- 202 - 게티이미지뱅크
- 208 - 위키피디아
- 216 - 위키피디아
- 241 - 게티이미지뱅크
- 264 - 게티이미지뱅크